Andreas Kissenbeck | Arrangieren

Andreas Kissenbeck
Arrangieren

SCHOTT

Mainz · London · Berlin · Madrid · New York · Paris · Prag · Tokyo · Toronto

Bibliografische Information der Deutschen Nationalbibliothek
Die Deutsche Nationalbibliothek verzeichnet diese Publikation
in der Deutschen Nationalbibliografie; detaillierte bibliografische Daten
sind im Internet über http://dnb.d-nb.de abrufbar.

Bestellnummer ED 8748
ISBN 978–3-7957–0736–1

© 2011 Schott Music GmbH & Co. KG, Mainz

www.schott-music.com
www.schott-buch.de

Lektorat: Sabine Bayerl, Uwe Bye
Satz: Satz-Offizin Hümmer GmbH, Waldbüttelbrunn
Covergestaltung: Lisa Neuhalfen, Berlin
Druck und Bindung: Plump Druck & Medien GmbH

Printed in Germany · BSS 54162

Inhaltsverzeichnis

»Kreativität ist die einzige Kraft,
um die Widerstände des Materials zu überwinden.«
(Ferrucio Busoni)

Abstract

Dieses Buch soll dem Leser auf kürzestem Weg all diejenigen Kenntnisse und Fertigkeiten vermittelten, die er zum Erstellen eines eigenständigen Arrangements benötigt. Es ist in Form eines Kurses aufgebaut, kann aber aufgrund der übersichtlichen Systematik auch als Nachschlagewerk verwendet werden.

Im ersten Kapitel stehen allgemeine Überlegungen, die im Vorfeld eines jeden Arrangements angestellt werden sollten. Sie reichen von zur Verfügung stehenden Instrumenten über Stilistik bis hin zur Leistungsfähigkeit der später ausführenden Musiker. Im Anschluss daran wird gezeigt, wie die Melodie der Vorlage vorweg so bearbeitet werden kann, dass die besonderen klanglichen und technischen Gegebenheiten verschiedener Instrumente optimal einbezogen werden.

Das zweite und wohl wichtigste Kapitel des Buches stellt die Melodie in den Mittelpunkt des Arrangierens. Mehr als Harmonik und Rhythmik bildet nämlich zumeist vor allem die Melodie das zentrale Erkennungsmerkmal einer Komposition. Zunächst wird gezeigt, dass sich die Fülle aller Möglichkeiten, aus einer Melodie heraus ein Arrangement zu entwickeln, auf drei Grundkonzepte zurückführen lässt. Diese werden als »Aussetzen«, »Begleiten« und »Kontrapunktieren« bezeichnet und ausführlich erläutert. In diesem Zusammenhang werden alle gängigen Typen des zwei- bis dreizehnstimmigen homophonen Satzes (Aussetzen) vorgeführt. Des Weiteren wird erörtert, wie man zusätzliche Stimmen oder Sätze entwerfen kann, die entweder einen klanglichen Hintergrund (Begleiten) oder – etwas vordergründiger – ein Gegenstück (Kontrapunktieren) zur eigentlichen Melodie bilden.

Im dritten Kapitel geht es um Harmonik. Dort werden zuerst alle möglichen Formen der Reharmonisation vorgestellt. Das Augenmerk richtet sich dabei vor allem auf die Aspekte »Farbe« und »Dynamik«, die sich auf harmonischer Ebene erzeugen lassen. Ein vielschichtig und detailliert ausgearbeiteter harmonischer Fluss ist insbesondere für die spätere Gestaltung des Spannungsverlaufes eines Arrangements ein wichtiges Werkzeug. Zusätzlich wird gezeigt, wie auch Modulationen hierzu einen Beitrag liefern können.

Das vierte Kapitel setzt sich mit Rhythmik auseinander. Dieser Parameter wirkt in die anderen mit hinein. So gibt es einen harmonischen und einen melodischen Rhythmus. Neben diesen Aspekten werden aber vor allem auch Fragen bezüglich verschiedener Grooves und Styles erörtert.

In Kapitel fünf geht es um den formalen Ablauf eines Arrangements. Dabei richtet sich der Blick vor allem auf den Spannungsverlauf des gesamten Arrangements. Außerdem werden spezielle Formteile wie Intro, Ending, Shout Chorus, Supersax und Soli besprochen.

Kapitel sechs setzt sich mit Fragen der Instrumentierung auseinander. Besonderheiten unterschiedlicher Instrumente hinsichtlich Klang, Spieltechnik und Notation werden hier erörtert.

Das siebte und letzte Kapitel beschäftigt sich mit den Abschlussarbeiten, die am Ende jedes Arrangements stehen. Dazu gehört vor allem das Erstellen einer Partitur samt zugehöriger Einzelstimmen. Hier spielen neben formalen Aspekten auch die abschließende Überprüfung von Phrasierung und Artikulation sowie das Einfügen entsprechender Zeichen eine Rolle.

Im Anhang befinden sich Transpositions- und Tonumfangstabellen. Außerdem werden in je einem eigenen Abschnitt die Besonderheiten von Balladen und Arrangements für Besetzungen ohne Rhythmusgruppe erläutert.

Sämtliche Notenbeispiele, Übungen und Lösungen sowie eine Demo-Version des Notensatzprogramms »Sibelius« finden sich unter:

www.schott-music.com/arrangieren

Das Passwort lautet:

Ar11aK1

0 Einleitung

0.1 Zum Umgang mit diesem Buch

Dieses Buch behandelt die musikalischen Ebenen Harmonik, Melodik und Rhythmik sowie auch Form und Instrumentierung. Sie alle sind für das Arrangieren von Bedeutung und stehen dabei in Beziehung zueinander. Daher wurde der vorliegende Text nach einer speziellen Systematik aufgebaut, aus der heraus diese wechselseitigen Beziehungen deutlich werden. Der Leser sollte daher zuerst das *Inhaltsverzeichnis genau studieren*, um sich mit dem Aufbau des Textes vertraut zu machen. Dies erleichtert es später bei der Lektüre zu verstehen, wie der gerade behandelte Aspekt mit den anderen musikalischen Ebenen zusammenhängt und mit ihnen in Wechselwirkung steht.

Darüber hinaus ist der Text in Form eines Kurses aufbereitet, bei dem der Leser innerhalb der einzelnen Kapitel vom Kleinen zum Großen und vom Einfachen zum Komplexen geführt wird. Neben Erläuterungen finden sich auch zahlreiche Notenbeispiele sowie praktische Übungen, zu denen im Anhang Lösungsvorschläge aufgeführt sind. Parallel zum Durcharbeiten des Buches kann auch gleich ein erstes Arrangement erarbeitet werden, indem die Übungen zu den verschiedenen Techniken auch als Arbeitsschritte an einem ausgewählten Stück vollzogen werden. Dabei wird man feststellen, welche Technik sich bei diesem Stück als fruchtbar erweist und welche sich weniger anbietet. So entsteht eine Ideensammlung, aus der heraus sich mit den Informationen von Kapitel 5 (Form) der Grundriss eines ersten Arrangements entwickeln lässt. Das den Übungen entstammende Material lässt sich eventuell sogar übernehmen. Dies birgt allerdings die Gefahr, dass das Arrangement zusammengewürfelt und nicht in sich konsequent wirkt. Anpassungen werden also sicher notwendig sein. Man sollte auch nicht die Mühe scheuen, vorgearbeitetes Material komplett neu zu schreiben, um musikalische Folgerichtigkeit zu erreichen. Ein erstes »Werk« ist aber in jedem Fall bereits in greifbarer Nähe.

Es ist nicht notwendig, dieses Buch von vorne nach hinten durchzulesen. Wer sich über bestimmte Einzelthemen informieren möchte, wird aufgrund der systematischen und übersichtlichen Aufbereitung der Materie schnell Antworten auf seine Fragen finden. Das vorliegende Buch verwendet gängige Terminologie, dennoch werden technische Begriffe stets an passender Stelle erklärt. Taucht ein Begriff in späteren Kapiteln erneut auf, findet man entsprechende Querverweise, sodass für die Arbeit mit dem Text nur geringe Grundkenntnisse erforderlich sind.

0.2 Zielgruppe

Dieses Buch richtet sich gleichermaßen an Einsteiger und Fortgeschrittene – also an all diejenigen, die ihre Kenntnisse und Fähigkeiten auf dem Gebiet des Arrangierens erweitern und verbessern wollen – ebenso wie an Lehrende.

Dem Einsteiger wird einerseits mit verständlichen Erläuterungen hilfreiches Wissen vermittelt. Andererseits wird er durch praktische Übungen Schritt für Schritt zum ersten eigenen Arrangement geführt.

Der Fortgeschrittene wird bei der Suche nach einem speziellen Thema im Inhaltsverzeichnis schnell fündig. Darüber hinaus kann er aufgrund der dem Buch zugrunde liegenden Systematik altes und neues Wissen für sich klarer strukturieren und damit besser überblicken.

Dem Lehrenden wird ein Konzept an die Hand gegeben, nach dem er seinen Unterricht langfristig planen und gestalten kann, da das Buch in Form eines Kurses aufgebaut ist. Die enthaltenen Beispiele und Übungen werden sich ihm diesbezüglich ebenfalls als nützlich erweisen.

Außerdem beinhaltet die Aufarbeitung der unterschiedlichen Themen stets eine Synthese der verschieden Sichtweisen der bereits bestehenden Literatur. Dadurch werden Widersprüche vermieden, die bei Vorkenntnissen oder späteren weiterführenden Studien des Lesers zu Verwirrung führen könnten. Im Übrigen beinhaltet dieses Buch keine stilistische Festlegung, sondern eine offene und funktionsorientierte Sicht auf die Dinge, wodurch die Entwicklung eines individuellen Arrangierstils von Beginn an gefördert wird.

0.3 Kreativität im Arbeitsprozess

Ziel des Arrangierens ist es, ein nach Möglichkeit auf allen musikalischen Ebenen (Melodik, Harmonik, Rhythmik, Form, Instrumentierung) in sich schlüssiges Gesamtwerk zu kreieren. Dabei besteht großer Spielraum für freies Gestalten. Allerdings bereitet diese Freiheit manchmal Schwierigkeiten. Das Gefühl, schier unendlich viele Möglichkeiten zu haben, führt nicht selten dazu, dass einem erst einmal nichts Konkretes einfällt. Daher wird in diesem Buch versucht, diese schier unendliche Fülle zu sortieren. So wird etwa gezeigt, dass sich jegliche Form, aus einer Melodie weitere Stimmen abzuleiten, auf nur drei Grundkonzepte (Aussetzen, Begleiten, Kontrapunktieren) zurückführen lässt, die dann natürlich jeweils vielfältig unterdifferenziert sind. Diese Konzepte wirken wie drei Grundrichtungen, in die man sich bewegen kann. Aus der musikalischen Vorlage – sprich dem zu bearbeitenden Stück – heraus sollte man versuchen abzuleiten, welche Richtung an welcher Stelle sinnvoll erscheint. Der kreative Prozess wird so durch zielgerichtetes Handeln gelenkt. Dies ist eine Strategie, um angesichts der Fülle an Möglichkeiten konkrete und musikalisch sinnvolle Lösungen zu finden.

Nun führt jedes Handeln dazu, dass das neu Entstandene auf sämtlichen musikalischen Ebenen mit dem bereits Bestehenden in Beziehung tritt. Eine häufige Folge davon ist, dass Dinge zunächst einmal nicht mehr zusammen passen. Dann muss an irgendeiner Stelle nachgebessert werden, was aber eventuell neue Probleme aufwirft. Aus diesem Grund wohl sagt der Arrangeur Richard Roblee: »Arrangieren ist Problemlösen.« Davon sollte man sich allerdings keineswegs entmutigen lassen. Im Gegenteil: Die Betonung liegt auf »lösen«. Der erste Unmut darüber, dass etwas nicht zusammenpasst, löst sich mit ein wenig Geduld und Beharrlichkeit zumeist in Freude über eine Lösung auf, die nicht nur das zunächst Unpassende zusammenführt, sondern oft auch noch zusätzlich einen neuen kreativen Impuls für das gesamte Arrangement liefert. Wer mit dem Arrangieren Erfahrung hat, weiß, wovon die Rede ist. Deshalb sagt der Komponist Ferrucio Busoni zu Recht: »Kreativität ist die einzige Kraft, um die Widerstände des Materials zu überwinden.«

0.4 Die drei Grundsätze des Arrangierens

Damit ein Arrangement am Ende auch wirklich gut klingt, sollte man beim Schreiben drei Grundsätze beherzigen, die in ihrer Bedeutung kaum zu überschätzen sind.

Der erste lautet: *Jede Stimme muss gut spielbar sein.*

Im Hinblick auf einen guten Gesamtklang eines Arrangements ist beim Schreiben unbedingt darauf zu achten, dass man den jeweiligen Instrumenten mit ihren spezifischen Eigenschaften und auch Schwierigkeiten möglichst weit entgegenkommt. Den Spielern ermöglicht man dadurch, sich weniger um technische als um musikalische Belange zu kümmern. Auch professionelle Musiker, die sich zumeist intensiv damit beschäftigt haben, Schwierigkeiten zu kompensieren und selbst in Grenzbereichen ihres Instruments solide zu agieren, sollten nicht mehr als unbedingt nötig gefordert werden.

Der zweite Grundsatz lautet: *Jede Stimme muss für sich genommen gut klingen.*

Ein harmonisch sinnvoll gestalteter Satz erzeugt dennoch ein unbefriedigendes Klangbild, wenn der Verlauf der beteiligten Einzelstimmen nicht schlüssig ist. Eine gute Möglichkeit, die Einzelstimmen auf die Schlüssigkeit ihres Verlaufs hin zu überprüfen, besteht darin, sie zu singen. Sollten dabei Schwierigkeiten auftreten, ist es ratsam, den Satz entsprechend umzuarbeiten. Singbare Stimmführung kommt auch einer guten Intonation entgegen. Außerdem wird die Lesbar- und Erinnerbarkeit gefördert, was ein fehlerfreies Spielen erleichtert. In vereinzelten Fällen kann man den Fluss der Stimmen in einem Satz auch durch Stimmkreuzung – auch Crossing genannt – verbessern.

Der dritte Grundsatz lautet: *Jeder Satz muss für sich genommen gut klingen.*

Beispielsweise sind in einer Bigband folgende sechs Sätze zu bedenken: Rhythmusgruppe, Posaunen, Trompeten, Saxophone sowie das Blech und die gesamten Bläser. Jeder Satz sollte ein nach Möglichkeit harmonisch und melodisch schlüssiges Klangbild abgeben. Eine Besonderheit stellen dabei große Voicings dar (z. B. Chorale Voicings;

s. 2.2.5.2). Dort bildet z. B. häufig der Trompetensatz eine Oberstruktur zu einem Basis-voicing der Posaunen. Erst zusammengenommen ergibt das Blech somit ein vollstän-diges Voicing. Die Trompeten stellen dabei für sich genommen den zugrunde liegenden Akkord oft nicht dar. Sie sollten aber ein in sich schlüssiges Klangbild abgeben, was oft durch die Verwendung eines Dur- oder Molldreiklangs als Upper Structure (s. 2.2.4.4) mit oktavverdoppelter Oberstimme gewährleistet wird. Hingegen funktioniert es nicht, z. B. ein in sich unvollständig klingendes Blechvoicing durch Saxophone oder Klavier zu komplettieren.

Modernere Arrangements arbeiten häufig mit Mischsätzen (s. 6.5). Diese müssen ebenfalls für sich genommen gut klingen. Im Übrigen bilden letztlich auch Bass- und Oberstimme zusammen den Außenstimmensatz[1]. Für diesen gilt dasselbe.

---

1   Man spricht in diesem Zusammenhang auch von übergeordneter Zweistimmigkeit.

1 Vorarbeiten

1.1 Vertraut machen mit der Vorlage

Im Unterschied zum Komponieren gibt es beim Arrangieren eine musikalische Vorlage, die den Ausgangspunkt bildet. Es ist sehr zu empfehlen, sich im Vorfeld intensiv mit dieser vertraut zu machen. Dazu gehört zunächst, dass man das zu bearbeitende Stück gut im Ohr hat. Des Weiteren sollte man Melodie und Harmonik aber auch kognitiv erfasst haben. Noch besser ist es, wenn dieser Überblick in verschiedenen Tonarten besteht. Dadurch wird vermieden, dass man später Tonarten wählt, weil sie einem besonders vertraut sind, anstatt diese Wahl aus musikalischen Gründen zu treffen. Es lohnt sich daher, vor dem Schreiben ein Stück zunächst am Klavier in verschiedenen Tonarten zu spielen.

Außerdem kann es hilfreich sein, unterschiedliche Versionen eines Stücks zu kennen. Dies kann mitunter inspirierend wirken. Ein wenig im Vorfeld zu recherchieren, macht sich daher später häufig bezahlt.

1.2 Stilistische Erwägungen

Bevor man sich an die Ausarbeitung eines Arrangements macht, ist es sinnvoll, einige grundlegende Vorüberlegungen anzustellen. Dabei spielen natürlich zunächst einmal stilistische Erwägungen eine Rolle. Soll ein Stück binär oder ternär sein? Soll es im Up Time Feel oder als Ballade gespielt werden? Möchte man besonders individuell sein oder sich eher bestimmter Klischees bedienen? Darf der Klang modern sein oder sich an eine bestimmte Epoche anlehnen? Von besonderer Bedeutung ist vor allem die grundsätzliche Frage, wie weit man sich von der Vorlage entfernen will. Ein Arrangement für eine Tanzkapelle wird insbesondere darauf angelegt sein, den Wiedererkennungseffekt eines Stückes zu erhalten, wohingegen künstlerisch ambitionierte Arrangements sich nicht selten zum Ziel setzen, ein bekanntes Thema bis zur Unkenntlichkeit zu verfremden. Es ist sehr empfehlenswert, vor dem Notieren der ersten Noten eine übergeordnete Klangvorstellung zu haben. Das heißt nicht, dass sich diese nicht im Verlauf der Arbeit ändern kann. Weiterentwicklung und Schärfung der Klangvorstellung gehören zum natürlichen Prozess des Arrangierens. Ohne ein klares Ziel werden jedoch während des Schreibens die immer wieder zu treffenden Entscheidungen auf der Detailebene schwierig. Beim Arrangieren bieten sich nämlich für jede Stelle immer mehr als nur eine funktionierende Lösung an. Wählt man dann, ohne einer übergeordneten Klangvorstellung zu folgen, immer nur diejenige Variante, die einem *für sich genommen* am besten gefällt, besteht die Gefahr, dass das Arrangement am Ende kein schlüssiges Gesamtbild abgibt. Es ist daher unter Umständen sinnvoll, im Vorfeld Arrangements anderer Stücke suchen und zu vergleichen, die der eigenen Vorstellung nahekommen. Dies kann helfen, das innere Klangbild zu schärfen.

1.3 Grundriss und Besetzung

Auf den Ablauf eines Arrangements soll erst später in Kapitel 5 genauer eingegangen werden. Es kann lähmend wirken, wenn man die Arbeitstechniken noch kaum im Detail überblickt und schon Formteile und Spannungskurve des gesamten Verlaufs präziser festlegen will. Allerdings sollte man bereits vorab die Möglichkeiten sondieren, die sich einem bieten. Dazu gilt es zunächst zu klären, welche Besetzung zur Verfügung steht. Danach stellt sich die Frage, ob sich gewisse Formteile oder Abschnitte aufgrund der melodischen Anlage für bestimmte Instrumentengruppen anbieten. Möglicherweise ist ein Teil melodisch fließender. Hier könnte sich ein Vortrag durch Saxophone empfehlen. Ein anderer Teil ist eventuell rhythmisch prägnanter, weshalb sich dort möglicherweise eher das Blech anbietet. Des Weiteren ist zu überlegen, in welcher Tonart das Stück zu spielen ist. Die avisierten Instrumente sollten nicht nur in der Lage sein, die notwendigen Töne zu spielen. Es ist auch unbedingt darauf zu achten, dass die Register dem gewünschten Klangbild entsprechen. Ein romantischer Melodiebogen einer Ballade kann sehr schnell seinen Charme verlieren, wenn er im oberen Grenzbereich eines Blasinstrumentes vorgetragen wird. Einer knackigen Phrase hingegen mag der notwendige Druck fehlen, wenn die Lage auf dem Instrument sehr tief ist. Auch die relative Tonhöhe der Melodie in unterschiedlichen Formteilen ist zu berücksichtigen. So kann es sein, dass z. B. ein A-Teil melodisch etwas tiefer liegt als der B-Teil. Dies könnte eventuell nahelegen, den A-Teil von Saxophonen und den B-Teil von den höheren Trompeten spielen zu lassen. Auch hier ist gegebenenfalls die Tonart entsprechend anzupassen. Ferner sollte bedacht werden, dass man für ein Laienensemble eine andere klangliche und tonartliche Disposition wählen muss als z. B. für eine professionelle Rundfunkbigband. Während man bei Letzterer gelegentlich auch einmal Töne aus Grenzbereichen verwenden kann – was jedoch immer klanglich motiviert sein sollte –, so empfiehlt es sich bei Laien, insbesondere die Höhen zu vermeiden (eine ausführliche Erörterung der zu berücksichtigenden Besonderheiten bei Laienensembles findet man unter 8.3).

1.4 Bearbeitung der Melodie

Das zentrale Erkennungsmerkmal einer Komposition ist in der Regel die Melodie. Dieses Primat gegenüber Harmonik und Rhythmik lässt sich unter anderem daran ablesen, dass man eine Reharmonisation eines bekannten Stückes zumeist unschwer als Variante des Vertrauten identifiziert, wohingegen eine Kontrafaktur (eine neue Melodie über der

Akkordfolge eines bestehenden Stücks) eher als eigenständige Komposition wahrgenommen wird. Nun ist eine überzeugende Bearbeitung der Melodie für das Klangbild eines Arrangements von größerer Bedeutung. Daher sollte man sich einen Überblick darüber verschaffen, welche Möglichkeiten diesbezüglich bestehen, bevor man mit dem Arrangieren für eine gewünschte Besetzung beginnt. Entsprechend der obigen Vorüberlegungen (s. 1.2) sollte man zunächst eine klare Vorstellung davon haben, wie weit von der Vorlage abgewichen werden soll. Stärkeres Abweichen schafft zwar Individualität und Frische, es bleibt jedoch abzuwägen, inwieweit man den Wiedererkennungseffekt eines melodischen Themas zu opfern bereit ist. Bekannte Melodien (etwa von Hits und Evergreens) lassen sich, wenn Veränderung beabsichtigt ist, von vornherein freier nehmen. Bei unbekannten Stücken hingegen kann es ratsam sein, zunächst enger am ursprünglichen Material zu bleiben und erst im Verlauf des Arrangements behutsam davon abzuweichen. Damit sich klanglich der Effekt einer Variation einstellt, muss vorher etwas hinreichend etabliert worden sein, von dem aus dann Modifikationen vorgenommen werden.

Darüber hinaus ist es sehr sinnvoll, bei der Gestaltung der Melodie die jeweiligen Instrumente im Auge zu behalten, die diese vortragen sollen. Dies soll hier anhand von Posaunen, Saxophonen und Trompeten aufgezeigt werden. Dazu werden die jeweiligen Eigenheiten dieser Blasinstrumente kurz beschrieben (mehr zu diesem Aspekt findet man unter 6.2 und 6.3). Daran anschließend wird demonstriert, wie auf diese Eigenheiten bei der Bearbeitung einer Melodie eingegangen werden kann. Als Beispiel soll die in Notenbeispiel 1 dargestellte Melodie dienen.

NB. 1:

Kaum ein Interpret würde wohl diese Melodie entsprechend dem Notentext vortragen. Rhythmische Veränderung und Verzierungen erscheinen angebracht, um den notwendigen Fluss zu erzeugen. Dieses Ausgestalten einer Melodie soll nun mit Blick auf die oben genannten Instrumente erörtert werden.

Die Besonderheit des Blechs liegt im starken Attack des Tons. Dem lässt sich melodisch gut durch rhythmische Prägnanz entsprechen. Dabei sind die Trompeten mit ihrem strahlenden Klang gegenüber den Posaunen noch etwas agiler. Eine trompetentypische Melodiebearbeitung zeigt Notenbeispiel 2. Die Tonart wurde dort so gewählt, dass eine für Trompeten günstige Lage (s. 6.2.1) entsteht. Die Notation ist klingend.

NB. 2: Bearbeitung für Trompeten

Weniger strahlend, dafür aber dicker klingen die Posaunen. Sie sind weniger flexibel, was man sich durch eine etwas schwerfälligere Melodiegestaltung durchaus zu Nutze machen kann. Eine entsprechende Bearbeitung der Melodie aus Notenbeispiel 1 zeigt das folgende Notenbeispiel 3. Dabei wurde die Tonart so gewählt, dass eine für Posaunen günstige Lage (s. 6.2.3) entsteht. Die Notation ist wie für Posaunen üblich im Bassschlüssel klingend. Die vielen Hilfslinien sind für die Posaune nicht ungewöhnlich.

NB. 3: Bearbeitung für Posaunen

Am flexibelsten und agilsten sind die Saxophone. Dem kann dadurch Rechnung getragen werden, dass man verstärkt mit Verzierungen und Umspielungen arbeitet. Dabei können schnellere und fließendere Linien entstehen. Eine Melodiebearbeitung, die diese Aspekte berücksichtigt, zeigt Notenbeispiel 4. Dabei wurde die Tonart so gewählt, dass eine für Tenorsaxophone günstige Lage (s. 6.3.1) entsteht. Die Notation ist klingend.

NB. 4: Bearbeitung für Tenorsaxophone

Um Missverständnissen vorzubeugen: Alle Bläser können normalerweise jede der oben dargestellten Varianten der Melodie aus Notenbeispiel 1 spielen (abgesehen natürlich von Tonumfängen). Deshalb muss eine Bearbeitung nicht immer genau den hier vorgestellten Beispielen entsprechen. Die Gestaltung einer Melodie sollte sich vor allem aus dem musikalischen Kontext ergeben. Dennoch ist es sinnvoll, die ausführenden Instrumente bei der Entwicklung melodischer Linen zumindest im Auge zu behalten und eventuell ihren spezifischen Eigenheiten entgegenzukommen.

Damit die Bearbeitung einer Melodie in sich schlüssig und mit ihrem Ursprung erkennbar verbunden klingt, kann es hilfreich sein, die Ausgangsmelodie mit einem Text zu versehen (sofern ein solcher nicht sowieso vorhanden ist). Bei der Bearbeitung sollte dann darauf geachtet werden, dass der Sprachrhythmus in sich logisch bleibt. So ist es ein Indiz dafür, dass sich die melodischen Schwerpunkte ungünstig verschoben haben, wenn sich zum Beispiel bei dem Wort »<u>ha</u>ben« die Betonung zu »ha<u>ben</u>« verschiebt. Auch in einer Bearbeitung mit zusätzlichen Tönen – wie etwa oben bei den Saxophonen – sollte der Text letztlich gut singbar bleiben, auch wenn dabei mehrere Töne auf eine Silbe fallen.

Es empfiehlt sich, diverse Melodien für verschieden Instrumentengruppen zu bearbeiten. Besondere Aufmerksamkeit verdienen dabei die einfachen Themen, da komplexere Melodien zumeist weniger Veränderungen erfahren. So sind Bearbeitungen typischer Bebopthemen wie etwa »Donna Lee« (Charlie Parker) zumeist doch nahe am Original. Bei einer zu starken Variation ginge bei komplexerer Melodik der Themencharakter allzu leicht verloren.

Als Übung bearbeite man die in Notenbeispiel 5 dargestellte Melodie. Dem Viertelrhythmus fehlt in dieser Form der Fluss. Dies lässt sich durch eine entsprechende Bearbeitung ändern. Hierfür können die untenstehenden Notenlinien verwendet werden. Die Tonarten sind jeweils so zu wählen, dass sich eine für die angegebenen Instrumente günstige Lage ergibt. Wer mit den entsprechenden Tonumfängen nicht vertraut ist, findet diese unter 8.4. Die spezifischen Eigenheiten der Instrumente sind unter 6.2 und 6.3 näher erläutert. Mehr Informationen zu verschiedenen Umspielungstechniken oder zur Bedeutung von Synkopen finden sich unter 4.2. Lösungsvorschläge (in klingender Notation) befinden sich im Anhang.

NB. 5:

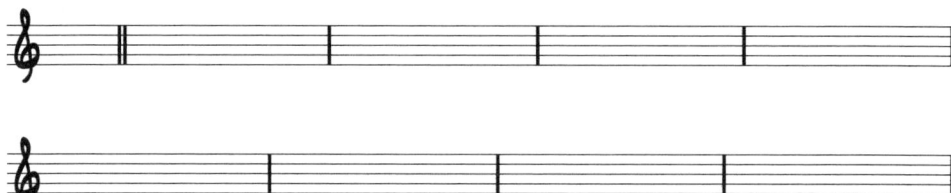

Üb. 1: Bearbeitung für Trompeten

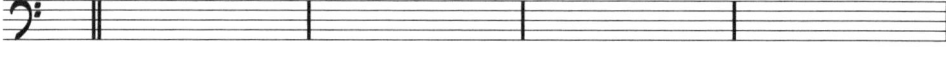

Üb. 2: Bearbeitung für Posaunen

Üb. 3: Bearbeitung für Altsaxophone

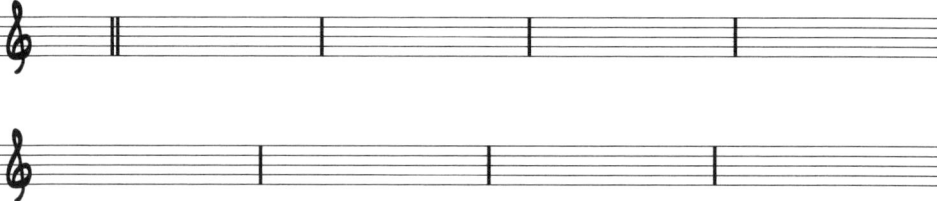

2 Die Melodie als Mittelpunkt

Die Melodie ist zumeist das zentrale Erkennungsmerkmal einer Komposition (Harmonik und Rhythmik spielen diesbezüglich meist eine geringere Rolle). Dieses Kapitel widmet sich der Frage, wie sich aus der Melodie heraus ein Arrangement entwickeln lässt. Zu diesem Zweck wird zunächst ein Überblick über die schier unendliche Fülle aller Möglichkeiten vermittelt. Das geschieht durch die Vorstellung dreier grundlegender Konzepte, auf die sich eben all diese Möglichkeiten zurückführen lassen. Im weiteren Verlauf werden diese Konzepte dann genauer ausdifferenziert und entsprechende Techniken konkret vorgeführt.

2.1 Die drei grundlegenden Konzepte

Als praktischer Einstieg in die Thematik empfiehlt es sich zunächst, die Aufnahme eines interessant arrangierten Musikstückes genau anzuhören. Dabei sollte man sich vergegenwärtigen, welche Instrumente an welcher Stelle die Melodie spielen. Danach kann man mit Worten beschreiben, wie die anderen Instrumente zu der Melodie in Beziehung stehen.

Es wird sich zeigen, dass alle gehörten Varianten des Arrangierens auf *drei Grundkonzepte* zurückgeführt werden können. Diese werden im Folgenden vorgestellt.

Das erste Konzept lautet: Es passiert etwas gemeinsam *mit der Melodie*. Gemeint ist, dass alle Stimmen homophon – sprich im selben Rhythmus – zusammen mit der Melodie verlaufen. Dies soll als »Aussetzen« der Melodie bezeichnet werden. Die einfachste Form ist das Unisono, gefolgt vom Aussetzen in Oktaven, auch als Oktavunisono bezeichnet. Beides kann sich gerade zu Beginn eines Arrangements als nützlich erweisen, da der Klang zwar druckvoll ist, aber noch viele Steigerungsmöglichkeiten offenhält. Neben Prime und Oktave eignen sich auch alle anderen Intervalle zum Aussetzen einer Melodie. Des Weiteren ist selbstverständlich auch das Aussetzen in mehr als zwei Stimmen möglich. So gehören typische Formen des Blocksatzes wie der fünfstimmige Shearing-Satz (s. 2.2.4.1) oder der 13-stimmige Thickend-Line-Satz (s. 2.2.5.1) ebenfalls zu diesem Konzept.

Das zweite Konzept lautet: Es passiert etwas *hinter der Melodie*. Das bedeutet, dass ein eigenständiger klanglicher Hintergrund für die Melodie geschaffen wird, die ihrerseits im Vordergrund steht. Dies soll als »Begleiten« der Melodie bezeichnet werden. Typische Formen sind Klangflächen – englisch »Pads« genannt (s. 2.3.2) – sowie auch liegende oder wandernde Einzelstimmen. Zu Letzteren gehören insbesondere Guide Tone Lines (s. 2.3.1). Ebenfalls in die Kategorie des Begleitens fallen Einwürfe – englisch »Backings« genannt –, sofern sie im Hintergrund bleiben und eher untermalenden Charakter haben. Das Gleiche gilt auch für in rhythmischen Pattern gespielte Akkorde und hintergründig ablaufende Ostinatofiguren.

Das dritte und letzte Konzept lautet: Es passiert etwas *neben der Melodie*. Gemeint ist, dass sich zur Melodie etwas hinzugesellt, das ebenfalls im Vordergrund steht und damit etwa gleichberechtigt in Erscheinung tritt. Dies soll als »Kontrapunktieren« der Melodie bezeichnet werden. Eine typische Form bilden Einwürfe (»Backings«), die hinreichend im Vordergrund stehen oder sogar den Eindruck von »Call & Response« vermitteln. Ebenfalls typisch ist die fugenartige Führung von zwei oder auch mehreren Melodielinien. Ferner kann in bestimmten Fällen auch eine Ostinatofigur als kontrapunktierend erscheinen, vor allem dann, wenn die Melodie hinreichend Raum für eine vordergründige Ausbreitung lässt.

Um Missverständnissen vorzubeugen: Die Melodie ist in dieser Betrachtungsweise per Definition der Vordergrund und nicht zwingend immer das Thema (es wäre sogar denkbar, dass thematisches Material hintergründig verwendet wird und somit eine Melodie begleitet).

Die drei grundlegenden Konzepte des Arrangierens fasst Tabelle 1 noch einmal zusammen. Es ist sehr lohnenswert, Tabelle 1 als Ausgangspunkt für tägliche Gehörbildung zu verwenden. Bei jeder Musik, die man im Alltag hört, kann man sich folgende drei Fragen stellen:

1. Wo ist die Melodie?
2. Was tritt hinzu?
3. Zu welchem der drei Grundkonzepte gehört das, was hinzutritt?

Möglicherweise stößt man dabei auf spezielle Techniken, die in Tabelle 1 noch nicht aufgelistet sind. Daher wurde in den Spalten hinreichend Platz gelassen für Ergänzungen.

Obgleich Tabelle 1 die drei Konzepte klar voneinander trennt, gibt es doch alle möglichen Zwischenformen:

- Begleiten ⇔ Kontrapunktieren: Die Grenzen zwischen Begleiten und Kontrapunktieren sind fließend (weshalb z. B. Backings und Ostinati in Tabelle 1 bei beiden Konzepten auftauchen). Begleiten ist eher *unauffällig untermalend*, Kontrapunktieren eher *eigenständig heraustretend*. Dazwischen gibt es alle möglichen Abstufungen.
- Aussetzen ⇔ Begleiten: Auch gibt es Stimmen, die in ihrer Eigenschaft zwischen Aussetzen und Begleiten liegen. Dies ist z. B. der Fall, wenn eine Stimme nicht vollständig mit der Melodie homophon einhergeht, sondern nur an einigen Punkten mit dieser zusammenfällt und dazwischen eher liegt.
- Aussetzen ⇔ Kontrapunktieren: Eine Mischform von Aussetzen und Kontrapunktieren ist gegeben, wenn eine Stimme zwischen gemeinsamen Punkten mit der Melodie eigenständig heraustretend verläuft.

Tab. 1: Drei grundlegende Konzepte des Arrangierens ausgehend von einer Melodie

Aussetzen (mit der Melodie)	Begleiten (hinter der Melodie)	Kontrapunktieren (neben der Melodie)
parallel: • Unisono/Oktavunisono • in Terzen/Sexten (zwei-stimmig) • im Satz (Shearing, Drop 2, Thickened Line etc.) • Quarten • Cluster linear: • horizontal (Einzel-stimme!) • Gegenbewegung • Stimmführungsakkorde • Skalenvoicings	• Guide Tone Lines/ Line Progressions • Pads • Pattern • untermalende Backings • untermalendes Ostinato	• fugenartig • Call & Response • heraustretende Backings • heraustretendes Ostinato

Tabelle 1 ist somit gewissermaßen wie eine Landkarte zu verstehen, die das gesamte Gebiet der Arrangiertechniken kartographiert. Die drei Konzepte entsprechen dabei den Himmels-richtungen (nur dass es hier nicht vier, sondern drei gibt). Auf diese Weise lässt sich ein sys-tematischer Überblick über die Gesamtheit aller Möglichkeiten gewinnen. Dieser erleich-tert es beim Arrangieren, für jede musikalische Situation zielgerichtet eine zum Kontext passende Lösung zu finden. Man wird in diesem Zusammenhang immer wieder feststellen, dass es beim Arrangieren zwar schier unendlich viele Möglichkeiten gibt, dass aber das Ge-biet, auf dem sich diese Möglichkeiten befinden, begrenzt und überschaubar ist.

Man mache sich die klangliche Wirkung bewusst, die sich mit den drei Grundkonzepten (und auch mit deren Zwischenformen) erzielen lässt. Dazu suche man z. B. Adjektive, die man als passend empfindet. Hier einige Vorschläge:

- <u>Aussetzen:</u> kraftvoll, klar, konzentriert, massiv
- <u>Begleiten:</u> ruhig, mild, gefällig, satt
- <u>Kontrapunktieren:</u> aktiv, nervös, lebendig, kribbelig

Natürlich beinhaltet jedes der drei Grundkonzepte verschiedene Techniken mit ihrerseits unterschiedlicher Wirkung. Außerdem wird die Wirkung einer bestimmten Technik ohnehin weniger aus sich heraus, sondern mehr durch die Relation zu ihrem Kontext bestimmt. Trotzdem lassen sich die genannten Adjektive durchaus als Charakterisierungen von Tendenzen verstehen.

Um einen Eindruck davon zu vermitteln, welches Notenbild sich mit den drei Konzepten aus Tabelle 1 typischerweise verbindet, demonstrieren die drei folgenden Notenbeispiele 6, 7, und 8 dies anhand ein und derselben Melodie.

In Notenbeispiel 6 sieht man eine zweistimmig ausgesetzte Melodie. Die Stimmen sind homophon, spielen also stets gleichzeitig. Die Bewegungsrichtung der Unterstimme hingegen ist frei. Sie verläuft mal parallel (s. 1. u. 5. Phrase), mal in Gegenbewegung oder unabhängig zur Melodie (s. 2., 3. u. 4. Phrase).

NB. 6: Melodie zweistimmig ausgesetzt

In Notenbeispiel 7 sieht man dieselbe Melodie wie in Notenbeispiel 6. Diesmal allerdings mit einer weitgehend begleitenden zweiten Stimme. Typisch sind die eher langen Töne. Die rhythmische Aktivität ist meist gering (sie nimmt aber an den Stellen ein wenig zu, an denen die Melodie pausiert; dies balanciert das Gesamtbild aus; die Unterstimme bewegt sich dort also leicht kontrapunktierend).

NB. 7: Melodie mit begleitender zweiter Stimme

In Notenbeispiel 8 sieht man dieselbe Melodie wie in Notenbeispiel 6. Diesmal allerdings mit kontrapunktierender zweiter Stimme. Die rhythmische Aktivität der Begleitstimme ist mit derjenigen der Melodie vergleichbar. Insbesondere ist die Unterstimme dort aktiv, wo die Melodie pausiert.

NB. 8: Melodie mit kontrapunktierender zweiter Stimme

Um die Einführung in die drei Grundkonzepte abzuschließen, ist noch zu erwähnen, dass Begleitung und Kontrapunkt nicht nur einstimmig, sondern ihrerseits auch mehrstimmig ausgesetzt werden können. Dabei sollte man wissen, dass das mehrstimmige Aussetzen einer Melodie diese in ihrem Erscheinungsbild – vielleicht wider Erwarten –

nicht stärkt. Dementsprechend kommt es häufig vor, dass einer im Unisono vorgetragenen Melodie mehrstimmige Backings entgegengestellt werden. Der umgekehrte Fall hingegen ist seltener.

Natürlich ist es auch möglich sowohl Melodie als auch Backings mehrstimmig auszusetzen. Dabei wird aber zumeist vermieden, dass beide Sätze gleichzeitig erklingen. Das hat zwei Gründe: Einerseits kommt es leicht zu Konflikten, wenn sich beide Sätze nicht fortlaufend harmonisch exakt decken. Andererseits verschmelzen beide Sätze miteinander, wenn sie sich harmonisch decken, wodurch sie sich leicht ineinander verlieren.

2.2 Aussetzen

Im Folgenden wird das erste grundlegende Konzept des Arrangierens – das Aussetzen – ausführlich behandelt. Die Abschnitte sind nach zunehmender Stimmenzahl – von zwei bis dreizehn Stimmen – angeordnet. Allerdings sind weniger Stimmen nicht immer einfacher zu handhaben als mehr. Dem Einsteiger sei daher empfohlen, sich zunächst mit dem vierstimmigen Satz (s. 2.2.3) zu beschäftigen, da dieser eine gute Basis für das Bilden größerer und kleinere Sätze darstellt.

2.2.1 Zweistimmiges Aussetzen

Das zweistimmige Aussetzen bedarf einiger Erfahrung. Die Möglichkeiten, einen Akkord mit nur zwei Stimmen darzustellen, sind eingeschränkt. Dadurch ist der Handlungsspielraum klein, um den Ansprüchen an gute Stimmführung (horizontal) und guten Zusammenklang (vertikal) gerecht zu werden. Schlüssige Lösungen sind daher manchmal nicht leicht zu finden.

2.2.1.1 Paralleles Aussetzen

Das zweistimmige parallele Aussetzen einer Melodie bietet trotz der geringen Stimmenzahl die Möglichkeit, verschiedene Farben zu erzeugen. Die Parallelführung in unterschiedlichen Intervallen ergibt gänzlich andere Klangbilder. Diese sind teilweise auch für verschiedene Stilistiken typisch. So wird das Aussetzen in Terzen oder Sexten vielseitig verwendet. Die Bandbreite reicht von Jazz über Pop bis hin zur Volksmusik. Ein Aussetzen in Quarten hingegen mag an moderneren Jazz erinnern. Aber auch das Parallelführen in dissonanten Intervallen wie Sekunden und Septimen ist möglich.[2] Der dabei

---

2 Eine Parallelführung in kleinen Nonen findet man in dem Musical »Jesus Christ Superstar« bei den Trompeten. A. L. Webber verwendet diesen extrem dissonanten Klang für die Kreuzigungsszene.

entstehende affektreiche Klang kommt unter anderem im Musicalbereich zur Anwendung.

Man unterscheidet zwischen realer und tonaler Parallelführung. Tonal bedeutet, dass alle Stimmen innerhalb der zugrunde liegenden Skala parallel laufen, wohingegen real meint, dass das Anfangsintervall exakt beibehalten wird. Reale Parallelführung erzeugt zumeist mehr tonart- bzw. harmoniefremde Töne, was für mehr Farbe sorgt. Diese kann je nach Kontext allerdings sowohl als besonders reizvoll als auch als störend empfunden werden.

Um einen Einstieg in das zweistimmige Aussetzen zu finden, sind im Folgenden Melodien abgedruckt, anhand derer folgende Übungen durchgeführt werden können:

*   Spielen der Melodien zweistimmig ausgesetzt am Klavier und zwar nacheinander in Sekunden, Terzen, Quarten, Quinten, Sexten und Septimen.
*   Beschreibung des dabei jeweils entstehenden Klangbildes in Worten.
*   Schreiben einer zweiten Stimme nach persönlichem Geschmack ins untere Notensystem (dabei muss nicht der ganze Abschnitt durchgehend im selben Intervall ausgesetzt werden; es sollte aber die Idee des parallelen Aussetzens erkennbar sein).
*   Vergleich mit dem Lösungsvorschlag im Anhang.

Vermutlich wird man bemerken, dass zu verschiedenen Stücken jeweils unterschiedliche Intervalle besser passen als andere. In diesem Zusammenhang spielt nicht zuletzt persönlicher Geschmack eine Rolle.

Üb. 4: Paralleles zweistimmiges Aussetzen

In der folgenden Übung 5 wird man feststellen, dass an manchen Stellen eine Parallel-führung zunächst gut klingt, sich jedoch irgendwann nicht mehr überzeugend ausgeht. In solchen Fällen ist es sinnvoll, Stellen zu suchen, an denen das Intervall gewechselt werden kann, ohne dass es dabei zu einem klanglichen Bruch kommt.

Üb. 5: Paralleles zweistimmiges Aussetzen

2.2.1.2 Lineares Aussetzen

Das lineare Aussetzen verfolgt eine gänzlich andere Strategie als das parallele. Das Hauptaugenmerk liegt auf der Erzeugung eines möglichst schlüssigen Verlaufs der Un-terstimme, wodurch insbesondere auch eine Gegenbewegung zur Oberstimme ermög-licht wird. Eine praktische Herangehensweise besteht darin, im ersten Schritt die wich-tigen Eckpunkte der Melodie zweistimmig so auszusetzen, dass ein Klang entsteht, der gut zum zugrunde liegenden Akkord passt. Im zweiten Schritt werden dann die Zwi-schentöne derart miteinander verbunden, dass die Unterstimme für sich genommen sinnvoll zwischen den Eckpunkten verläuft. Eventuelle Dissonanzen zwischen den Stim-men sind für das Klangbild dabei oft erstaunlich unproblematisch, sofern die Unter-stimme logisch zum nächsten Ziel führt. Hier tritt die verbindende Kraft der horizonta-len Dimension von Musik besonders deutlich zutage. Insbesondere bietet das lineare Aussetzen die Möglichkeit, sowohl Parallel- als auch Gegenbewegung für die Gestal-tung eines Satzes zu verwenden.

Als Übung setze man die unten dargestellte Melodie zweistimmig linear aus. Dazu schreibe man die zweite Stimme ins untere System und vergleiche das Resultat mit dem Lösungsvorschlag im Anhang.

Üb. 6: Lineares zweistimmiges Aussetzen

2.2.2 Dreistimmiges Aussetzen

Das Aussetzen in drei Stimmen hat sowohl mit dem in zwei als auch mit dem in vier Stimmen Gemeinsamkeiten. Daher sollte der Einsteiger sich zunächst mit dem vierstimmigen und dann mit dem zweistimmigen Satz vertraut machen, bevor er den folgenden Abschnitt bearbeitet. Auch mit drei Stimmen sind nämlich die Möglichkeiten, einen Akkord darzustellen, noch etwas eingeschränkt. Ähnlich wie beim zweistimmigen Aussetzen ist es darum beim dreistimmigen schwerer, den Ansprüchen an gute Stimmführung (horizontal) und guten Zusammenklang (vertikal) gerecht zu werden, als etwa beim vierstimmigen Satz. Gleichzeitig muss aber im Vergleich zum zweistimmigen Satz eine Stimme mehr gehandhabt werden. Erfahrungen mit zwei und vier Stimmen helfen daher, um zu schlüssigen Lösungen zu kommen.

2.2.2.1 Paralleles Aussetzen

Die Parallelführung in unterschiedlichen Intervallen ergibt bei drei Stimmen gleichfalls jeweils gänzlich andere Klangbilder, die für verschiedene Stilistiken typisch sind. Deswegen soll zunächst wieder mit verschiedenen Intervallstrukturen experimentiert werden. Dabei ist auch hier zwischen realer und tonaler Parallelführung[3] zu unterscheiden.

---

3 Tonal bedeutet, dass alle Stimmen innerhalb der zugrunde liegenden Skala parallel laufen, wohingegen real meint, dass das Anfangsintervall exakt beibehalten wird. Reale Parallelführung führt zu mehr tonart- bzw. harmoniefremden Tönen, was zwar mehr Farbe bringt, je nach Kontext aber sowohl als reizvoll als auch als störend empfunden werden kann.

Zum Einstieg sind im Folgenden Melodien abgedruckt, anhand derer die hier beschriebenen Übungen durchgeführt werden können:

- Spielen der Melodien dreistimmig ausgesetzt am Klavier und zwar nacheinander in Dreiklängen verschiedener Umkehrung, quartgeschichteten Klängen, Clustern usw.
- Beschreibung des dabei jeweils entstehenden Klangbildes in Worten.
- Schreiben einer zweiten und dritten Stimme nach persönlichem Geschmack in den Notentext (dabei muss nicht der ganze Abschnitt vollständig in gleicher Intervallstruktur ausgesetzt werden, es sollte aber die Idee des parallelen Aussetzens erkennbar sein).
- Vergleich mit dem Lösungsvorschlag im Anhang.

Üb. 7: Paralleles dreistimmiges Aussetzen

Üb. 8: Paralleles dreistimmiges Aussetzen

2.2.2.2 Lineares Aussetzen

Das lineare dreistimmige Aussetzen verfolgt die gleiche Strategie wie im Fall von zwei Stimmen. Zunächst werden die wichtigen Eckpunkte der Melodie so ausgesetzt, dass dort ein gut zum zugrunde liegenden Akkord passender Klang entsteht. Im zweiten Schritt werden dann die Zwischentöne wieder so miteinander verbunden, dass jede Unterstimme für sich genommen sinnvoll zwischen den Eckpunkten verläuft. Eventuelle Dissonanzen zwischen den Stimmen sind für das Klangbild dabei oft unproblematisch, sofern die Stimmen logisch zum nächsten Ziel führen. Es fördert das Klangbild, wenn jede der Unterstimmen jeweils zusammen mit der Melodie einen bereits sinnvollen zwei-stimmigen Satz ergibt. Gilt dies auch für beide Untestimmen, so ist dies umso besser.

Man schreibe als Übung zwei Unterstimmen zur unten dargestellten Melodie, sodass ein dreistimmiger linearer Satz entsteht. Anschließend vergleiche man das Resultat mit dem Lösungsvorschlag im Anhang.

Üb. 9: Lineares dreistimmiges Aussetzen

2.2.3 Vierstimmiges Aussetzen

2.2.3.1 Four Part Close

Der vierstimmige Satz in enger Lage gilt zu Recht als guter Ausgangspunkt, um das Schreiben verschiedener Sätze – vom dreistimmigen bis zum dreizehnstimmigen Bigbandsatz – zu erlernen. Er ist vergleichsweise einfach zu handhaben, da vier Stimmen einerseits harmonische Vollständigkeit gewährleisten, andererseits Fragen der Oktavverdoppelung und klanglichen Ausgewogenheit, wie sie bei größeren Voicings auftreten, noch weitgehend außen vor bleiben.

Das vierstimmige Aussetzen eines Melodietons, der im zugrunde liegenden Akkord enthalten ist, erweist sich als leicht. Man setzt einfach die übrigen drei Akkordtöne in enger Lage darunter. Dies zeigt Notenbeispiel 9.

NB. 9: Aussetzen eines Akkordtons

Dabei können eventuell mehrere Möglichkeiten zur Auswahl stehen. So wird bei vielen Akkorden gerne die None anstatt des Grundtons im Voicing verwendet. Dies führt wie in Notenbeispiel 10 zu zwei verschiedenen Voicings für die gleiche harmonisch-melodische Vorgabe.

NB. 10: Wahlmöglichkeiten beim Aussetzen eines Akkordtons

In jedem Fall sollte man versuchen, ein Sekundintervall zum Melodieton zu vermeiden. Eine große Sekunde ist noch akzeptabel[4] und gelegentlich unvermeidbar, eine kleine Sekunde hingegen ist generell zu umgehen. Typische Fälle zeigt Notenbeispiel 11.

NB. 11: Sekundintervall zwischen Melodie und zweiter Stimme

Liegt bei einem Akkord mit Maj7 der Grundton in der Melodie, so bieten sich im Wesentlichen zwei Lösungsmöglichkeiten an, das Intervall der kleinen Sekunde zu umgehen. Sie klingen stilistisch sehr unterschiedlich. In traditionellerem Jazz wird die Maj7 üblicherweise durch die 6 ersetzt. Moderner und vielleicht mit Popmusik verwandter klingt die Verwendung von add9-Akkorden. Beide Varianten zeigt Notenbeispiel 12.

NB. 12: Lösungen bei Maj7-Akkorden mit Grundton in der Melodie

Liegt hingegen kein Akkordton, sondern eine Option (oder eine akkordtypische Alteration) in der Melodie, so ist das Verfahren nur unwesentlich schwerer. Man setzt einfach wieder Akkordtöne in enger Lage unter den Melodieton, wobei jedoch der erste Akkord-

---

4   Eine große Sekunde sollte allerdings in hoher Lager vermieden werden. In diesem Fall kann man die gesamte Passage mit Drop 2 Voicings (2.2.3.2) aussetzen. Dadurch verwandelt sich die große Sekunde in eine große None.

ton unter der Melodie übersprungen wird. Dadurch wird ein Sekundintervall zwischen erster und zweiter Stimme umgangen. Typische Fälle zeigt Notenbeispiel 13.

NB. 13: Aussetzen einer Option oder akkordtypischen Alteration

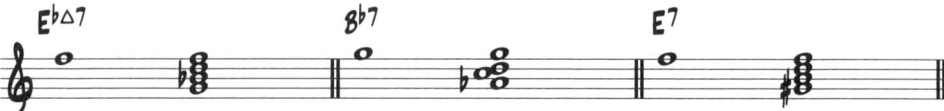

Auch hier ergeben sich Wahlmöglichkeiten. So wird bei Dominantakkorden anstatt der Quinte oft die 13 bzw. b13 bevorzugt. Bei einem Maj7-Akkord wird gelegentlich die Quinte durch die 13 ersetzt. Beide Fälle zeigt Notenbeispiel 14.

NB. 14: Wahlmöglichkeiten beim Aussetzen einer Option oder akkordtypischen Alteration

Das bis hierher beschriebene Basisschema des vierstimmigen Aussetzens eines Melodietons fasst Tabelle 2 noch einmal zusammen.

Tab. 2: Basisschema für das vierstimmige Aussetzen eines Melodietons

Akkordtöne	Optionen
• Die drei übrigen im Akkord enthaltenen Töne werden in enger Lage unter den Melodieton gesetzt.	• Drei Akkordtöne werden in enger Lage unter den Melodieton gesetzt, wobei der erste Ton ausgelassen wird (zur Vermeidung des Sekundintervalls).

Liegt ein chromatischer Ton in der Melodie, so ist ein Aussetzen nach dem gleichen Schema aus Tabelle 2 (rechte Spalte) zwar grundsätzlich möglich, in vielen Fällen führt es aber zu weniger befriedigenden Ergebnissen. Da sich jedoch chromatische Töne in aller Regel in einen Akkordton oder eine Option auflösen, gibt es eine günstigere Alternative. Diese basiert auf der Verwendung harmonischer Zwischenklänge. Was es damit auf sich hat, soll im Folgenden aufgezeigt werden.

    Betrachtet werden soll dazu der recht häufig vorkommende Fall, dass sich eine Melodielinie mit mehreren Tönen über einen Akkord erstreckt. Ein reines Aussetzen nach dem oben beschriebenen Schema würde dabei zu einem stetigen Repetieren der Akkordtöne in den Unterstimmen führen. Außerdem würden bei sekundigem Melodieverlauf die Unterstimmen zumeist in Primen und Terzen fortschreiten, was wegen des weitgehenden Fehlens »gleitender« Sekundschritte oft holprig wirkt.

Um einen flüssigeren Satz zu erstellen, kann man wie folgt vorgehen: Als ersten Schritt untersucht man die Melodie daraufhin, bei welchen Tönen eher der zugrunde liegende Akkord dargestellt werden sollte und welche Noten sich eventuell für akkordfremde Klänge eignen, die dann wieder zum Akkord hinleiten. Diese Unterscheidung zwischen »Haupt-« und »Nebentönen« in der Melodie kann sich an folgenden Kriterien orientieren: Töne, die melodisch zu einem anderen Ton hinleiten – also natürlich vor allem jegliche Form von Approach Notes (s. 4.2.2) –, sind eher dafür prädestiniert, harmonisch mit einem leitenden Klang ausgesetzt zu werden. Dementsprechend können also vor allem Durchgangstöne, Nebennote, Wechselnoten, Vorhalte etc. als Nebentöne klassifiziert werden. Töne, auf die ein Sprung oder eine Pause folgt, haben offenbar diese Leitwirkung zu einem Folgeton nicht und sind daher eher als Haupttöne anzusehen. Bei Melodietönen nach einem Harmoniewechsel sollte in der Regel der neue Akkord dargestellt werden, was folglich ebenfalls zur Klassifikation als Hauptton führt. Letzteres gilt zumeist auch für Töne von größerer zeitlicher Ausdehnung. Liegt ein Ton auf schwerer Zählzeit, ergibt sich daraus zugleich eine gewisse Tendenz, ihn als Hauptton anzusehen. Dies bezieht sich auch auf Offbeats, die die Antizipation eines Downbeats bilden (man vergegenwärtige sich, dass z. B. eine »Vier-Und« wie eine vorgezogene »Eins« klingt, wenn auf der Eins kein neuer Ton erklingt; s. 4.2.1).

Die oben genannten Aspekte, die bei der Klassifikation der Melodietöne bedacht werden sollten, fasst Tabelle 3 zusammen.

Tab. 3: Klassifikation der Melodietöne

Haupttöne	Zwischentöne
Akkordtöne • *alle (möglich)* • *auf schweren Zählzeiten (günstig)* • *bei längerer Dauer (notwendig)* • *nach Harmoniewechsel (notwendig)* Optionen • *lange Dauer* • *gefolgt von Sprung*	diatonische Approach Notes • *Durchgangston* • *Nebennote* • *Wechselnote* • *Vorhalt* chromatische Approach Notes • *Durchgangston* • *Nebennote* • *Wechselnote* • *Vorhalt*

Im nun folgenden zweiten Schritt werden die Haupttöne entsprechend dem oben in Tabelle 2 beschriebenen Basisschema ausgesetzt, sprich durch Zufügung der übrigen Akkordtöne in enger Lage darunter, wobei bei Optionen der erste Ton übersprungen wird.

Notenbeispiel 15 zeigt dies anhand eines einfachen Melodiesegmentes. Die Haupttöne wurden gemäß dem Basisschema vierstimmig ausgesetzt.

NB. 15: Melodiesegment mit vierstimmig ausgesetzten Haupttönen

Dies allein ist manchmal bereits ein sinnvoller musikalischer Satz[5], der nicht zuletzt bei einfachen Arrangements für Laiengruppen effektiv sein kann. Trotzdem werden zumeist auch die Zwischentöne auszusetzen. Dazu gibt es drei Varianten:

Die erste wird als »Keep Chord« bezeichnet. Dies bedeutet, dass die Zwischentöne genau wie Haupttöne ausgesetzt werden – also auch entsprechend dem oben in Tabelle 2 beschriebenen Basisschema. Die Frage drängt sich auf, warum dann überhaupt die Unterscheidung zwischen Haupt- und Nebentönen vorgenommen wurde. Der Grund liegt darin, dass erst an dieser Stelle entschieden werden sollte, ob diese oder eine der beiden später dargestellten Varianten angewendet werden soll. Keep Chord klingt eher statisch und bringt maximale harmonische Klarheit, hat aber weniger Farbe und Dynamik. Es ist also eine ästhetische Entscheidung, die bis zu diesem Punkt offen gehalten werden kann. Notenbeispiel 16 zeigt drei mögliche Varianten des Keep-Chord-Aussetzens anhand des Melodiesegments aus Notenbeispiel 15. Die unterschiedlichen Versionen ergeben sich daraus, dass verschiedene Vierklänge den Bb∆7-Akkord repräsentieren können. Man beachte die günstige Stimmführung der Außenstimmen in der dritten Variante.

NB. 16: Melodiesegment ausgesetzt in drei Keep-Chord-Varianten

---

5 Eventuell könnten die Unterstimmen auch ausgehalten werden. Dabei ergäbe sich eine Mischung aus Aussetzen und Begleiten.

Bei allen drei Varianten aus Notenbeispiel 16 kommt es in den Unterstimmen zu Tonwiederholungen. Dadurch ist der Stimmverlauf wenig fließend. Trotzdem ist es in solchen Fällen meist nicht zu empfehlen, diesen durch Stimmkreuzung (Crossing) zu aktivieren. Keep Chord steht für harmonische Klarheit und klangliche Stabilität. Die Tonwiederholungen unterstützen dies.[6]

Die zweite Variante, Zwischentöne auszusetzen, wird als »Parallel Harmony« bezeichnet. Wie der Name schon sagt, werden dabei alle Stimmen parallel geführt und zwar *in die Töne der folgenden Hauptnote*. Es lohnt sich deshalb, beim Schreiben rückwärts vorzugehen. Das heißt, dass von einer Hauptnote aus rückwärts alle Stimmen parallel mit der Melodie geführt werden. Für das Klangbild ist es entscheidend, dass der Zielklang schlüssig erreicht wird. Zu unterscheiden ist abermals zwischen tonaler und realer Parallelführung[7] der Stimmen. Tonale Parallelführung zeigt Notenbeispiel 17 wieder anhand des Melodiesegments aus Notenbeispiel 15.

NB. 17: Melodiesegment ausgesetzt in Tonal Parallel Harmony

Das folgende Notenbeispiel 18 zeigt die gleiche Situation wie das vorangegangene, allerdings diesmal ausgesetzt in Real Parallel Harmony. Da die Stimmen exakt parallel und unabhängig vom harmonischen Umfeld verlaufen, sind mehr Töne mit der zugrunde liegenden Harmonie unverwandt. Dies erzeugt mehr Farbe, aber mitunter auch ein spröderes und moderneres Klangbild. Man vergleiche den unterschiedlichen Klang durch Spielen der Notenbeispiele 17 und 18 am Klavier.

NB. 18: Melodiesegment ausgesetzt in Real Parallel Harmony

---

6   Allgemein ist das Crossing bei repetierten Klängen eher unüblich. Der dabei entstehende Klang ist entfernt mit dem False Fingering bei repetierten Tönen auf dem Saxophon vergleichbar.
7   Tonal bedeutet, dass alle Stimmen innerhalb der zugrunde liegenden Skala parallel laufen, wohingegen real meint, dass das Anfangsintervall exakt beibehalten wird. Reale Parallelführung führt zu mehr tonart- bzw. harmoniefremden Tönen, was zwar mehr Farbe bringt, aber je nach Kontext sowohl als besonders reizvoll als auch als eher störend empfunden werden kann.

Die dritte Variante, um Zwischentöne auszusetzen, kann als »Functional Harmony« bezeichnet werden. Damit ist gemeint, dass mittels einer funktionsharmonisch sinnvollen Klangfortschreitung in einen folgenden Hauptklang hineingeführt wird. Das bedeutet, dass alle Techniken der Reharmonisation (s. 3.1) an dieser Stelle angewendet werden können, allerdings eben nicht, um neue Akkordfortschreitungen zu bilden, sondern um innerhalb einer Harmonie Zwischenklänge zu erzeugen. Entscheidend für ein überzeugendes Klangbild ist lediglich, dass schlüssig in die nächste Hauptnote geleitet wird, bei der wieder der zugrunde liegende Akkord erklingt. Daher ist es auch hier sinnvoll, von einem Hauptton aus rückwärts zu arbeiten. Die einfachste Möglichkeit, in einen folgenden Hauptklang hineinzuführen, ist wohl die Verwendung eines dominantischen Zwischenklangs. Für das Melodiesegment aus Notenbeispiel 15 führt dies etwa zu folgender Lösung.

NB. 19: Melodiesegment ausgesetzt in Functional Harmony dominantisch

Da sich verminderte Vierklänge stets auf Dominantfunktionen zurückführen lassen, eignen sie sich in besonderem Maße, um in einen Hauptklang zu leiten. Weil sie zwei Tritoni enthalten, wirken sie sehr dynamisch. Im folgenden Notenbeispiel 20 werden zwei aufeinander folgende Zwischenklänge mit verminderten Vierklängen gebildet.

NB. 20: Melodiesegment ausgesetzt in Functional Harmony mit verminderten Vierklängen

Auch mittels kadenzieller Klangfortschreitungen kann man sehr schlüssig zu einem Hauptklang leiten. Im folgenden Notenbeispiel 21 wird das typische II-V-I-Muster verwendet.

NB. 21: Melodiesegment ausgesetzt in Functional Harmony kadenziell (hier Bsp. II-V-I)

Eine weitere gängige Klangfortschreitung ergibt sich durch das Bilden von Dominantketten. Dies zeigt das folgende Notenbeispiel 22.

NB. 22: Melodiesegment ausgesetzt in Functional Harmony als Dominantkette

Einen Überblick über die Fülle der Möglichkeiten von Functional Harmony bietet der
Abschnitt zum Thema Reharmonisation (s. 3.1). Alle dort dargestellten Wege, funktionsharmonisch schlüssig in einen Akkord zu leiten, können auf das Bilden von Zwischenklängen übertragen werden. Allerdings ist zu betonen, dass es sich bei Letzteren
nicht um wirkliche Reharmonisationen handelt. Das zeigt sich daran, dass die Rhythmusgruppe – sprich Bass, Gitarre und Klavier – die harmonischen Bewegungen der Zwischenklänge *nicht* mit vollziehen sollte. Es entstehen dann zwar immer wieder kurzzeitig
Dissonanzen. Diese lösen sich aber zeitnah wieder auf, was das Klangbild nicht trübt,
sondern ihm gerade seine Dynamik verleiht.[8] Würde man allein den Bass entsprechend
den Zwischenklängen mitführen, so ergäbe sich statt eines flüssigen und dynamischen
Satzverlaufes der Eindruck eines hektischen Harmoniewechsels.

Die verschiedenen Möglichkeiten des Aussetzens von Zwischentönen fasst Tabelle 4
noch einmal zusammen.

Als Übung setze man die in Übung 10 dargestellte Melodie vierstimmig aus. Dabei sind
die in Tabelle 4 gezeigten Techniken anzuwenden. Zunächst sollten die verschiedenen
Möglichkeiten am Klavier ausprobiert werden. Anschließend schreibe man nach eige-
nem Geschmack einen Four-Part-Close-Satz in die unteren Systeme. Dabei sollte man
vor allem im Auge behalten, dass das Klangbild während des gesamten Verlaufs einheit-
lich ist. Anschließend vergleiche man das Resultat mit den Lösungsvorschlägen im Anhang.

---

8   Dass die Dissonanzen im Fluss der Musik oft so wenig scharf klingen, ist für manchen Einsteiger
    unvorstellbar. Dies hängt mitunter damit zusammen, dass beim Probieren am Klavier der notwen-
    dige Fluss der Musik nicht zustande kommt.

Tab. 4: Aussetzen von Zwischentönen

Keep Chord Verschiede Vierklänge können denselben Akkord (hier BbΔ7) repräsentieren. Möglichkeit drei bietet einen besonders schlüssigen Verlauf der Außenstimmen.	
Parallel Harmony: • tonal • real	
Functional Harmony: • dominantisch • mit verminderten Vierklängen • kadenziell (hier Bsp. II-V-I) • sonstige funktionale Fortschreitung (hier Bsp. Dominantkette)	

Die Zwischenklänge, die dem zugrunde liegenden Akkord widersprechen, haben Leitfunktion und müssen daher in der Begleitung **nicht** berücksichtigt werden.

Üb. 10: Aussetzen in Four Part Close

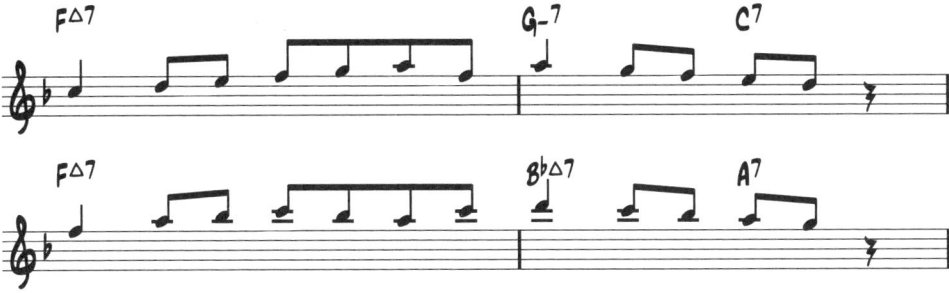

2.2.3.2 Drop 2

Die im vorangegangenen Abschnitt gezeigten Voicings klingen aufgrund ihrer engen Lage recht kompakt. Dies kann in vielen Fällen gut in den musikalischen Kontext passen. Manchmal bietet sich jedoch auch ein offenerer Klang an. Dann wird gerne ein Verfahren angewendet, das die Lage von Voicings erweitert und als »Dropping« (engl.: fallen lassen) bezeichnet wird. Die wohl gängigste Form des Droppings lautet »Drop 2«. Dabei wird in einem Voicing die zweite Stimme von oben um eine Oktave nach unten transponiert (»gedroppt«). Dadurch liegen die Außenstimmen der Voicings nun weiter als eine Oktave auseinander. Notenbeispiel 23 zeigt die gleichen Voicings für einen CΔ7/9-Akkord, einmal aber in enger Lage und einmal als Drop 2.

NB. 23: Voicings in enger Lage und als Drop 2

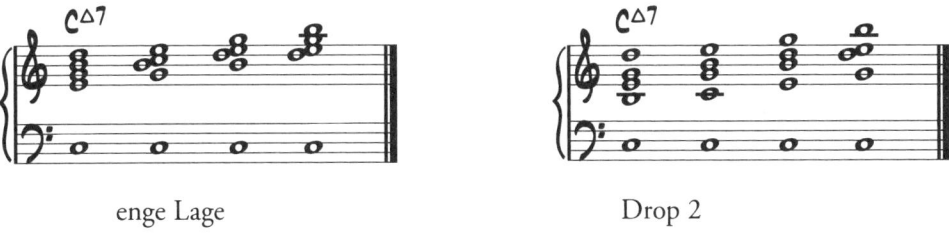

enge Lage   Drop 2

Den unterschiedlich dichten Klang der in Notenbeispiel 23 dargestellten Voicings sollte man sich bewusst »vor Ohren führen«. Die Umwandlung von enger Lage in Drop 2 ist in den meisten Fällen unproblematisch. Lediglich drei Aspekt gilt es zu berücksichtigen: Erstens sollte vermieden werden, dass durch das »Droppen« eine Unterstimme so tief liegt, dass das Klangbild des Voicings eingetrübt wird. Als ungefähre Untergrenze kann der Bereich um d⁰ angesehen werden. Manchmal kann allerdings die Quinte des Akkordes auch darunter liegen. Zweitens sollte man berücksichtigen, dass sich der Klang eines Voicings mitunter unangenehm verändert, wenn eine Option/Alteration gedroppt wird und damit unten liegt. Am klarsten ist der Klang eines Voicings zumeist, wenn Terz oder Septime unten liegen. Drittens ist zu vermeiden, dass zwischen den Stimmen kleine Nonen entstehen. Diese klingen noch schärfer als große Septime und kleine Sekunden. Man spiele die Voicings aus Notenbeispiel 24 und vergegenwärtige sich die Veränderung des Klangbildes beim Eintreten der kleinen None.

NB. 24: Voicing ohne und mit kleiner None

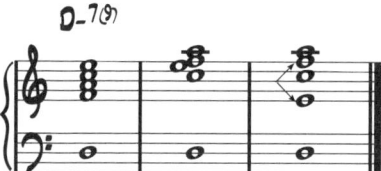

Es ist besonders günstig, gerade die zweite Stimme von oben zu droppen, da auf diese Weise die melodieführende Oberstimme mehr Raum bekommt und so stärker in Erscheinung tritt. Allerdings lässt sich das Problem, das entsteht, wenn zwischen erster und zweiter Stimme eine kleine Sekunde liegt, nicht durch Drop 2 lösen, da dadurch eine kleine None entsteht und diese den Klang der Melodie massiv beeinträchtigt.

Das folgende Notenbeispiel zeigt eine Melodie, die zu Übungszwecken mittels Drop 2 Voicings vierstimmig ausgesetzt werden soll. Zum Vergleich befindet sich ein Lösungsvorschlag im Anhang.

Üb. 11: Aussetzen in Drop 2

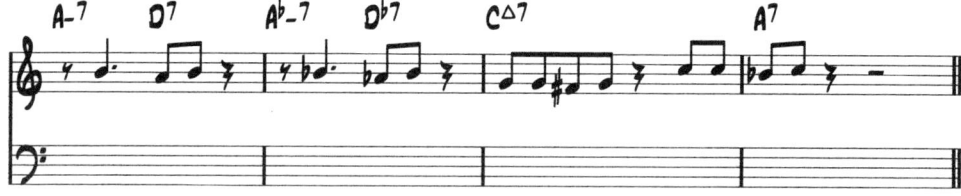

Als weitere Übung spiele man die in Tabelle 4 dargestellten Versionen des vierstimmig ausgesetzten Melodiesegmentes am Klavier. Danach ändere man das Gespielte in einen Drop-2-Satz, wobei die linke Hand die gedroppte Stimme übernimmt.

Vierklänge werden sehr häufig in Drop-2-Form angeordnet (so wie in Notenbeispiel 23). Es lassen sich neben der zweiten von oben zwar auch andere Stimmen droppen.

Dies geschieht allerdings zumeist im Zusammenhang mit Voicings, die aus mehr als vier verschiedenen Tönen bestehen (Erläuterungen hierzu finden sich im Abschnitt 2.2.4).

2.2.3.3 Lineares Aussetzen

Das lineare vierstimmige Aussetzen verfolgt die gleiche Strategie wie im Fall von zwei oder drei Stimmen. Zunächst werden die wichtigen Eckpunkte der Melodie entsprechend dem zugrunde liegenden Akkord ausgesetzt. Danach geht es wieder darum, dass jede einzelne Unterstimme auf dem Weg zum nächsten Eckpunk eine besonders schlüssige melodische Linie bildet. Eventuelle Dissonanzen zwischen den Stimmen sind oft unproblematisch, allerdings sollte das Klangbild damit nicht überfrachtet werden. Insbesondere sind zwei benachbarte kleine Sekunden zu vermeiden. Es fördert das Klangbild erheblich, wenn jede der Unterstimmen jeweils zusammen mit der Melodie einen sinnvollen zweistimmigen Satz ergibt. Gilt dies auch für je zwei Unterstimmen, so ist dies umso besser.

Beim vierstimmigen Satz haben die einzelnen Stimmen manchmal weniger Raum für einen individuelleren Tonhöhenverlauf. Trotzdem sind Gegenbewegungen zwischen einzelnen Stimmen oft möglich. Dabei können mitunter Klänge entstehen, die möglicherweise für sich genommen harmonisch schwer zu deuten sind, die jedoch im Fluss der Musik überzeugend klingen. Das Hautaugenmerk liegt hier also weniger auf dem *vertikalen* als auf dem *horizontalen* Aspekt.

Man schreibe als Übung drei Unterstimmen für die im Folgenden dargestellte Melodie, sodass ein vierstimmiger linearer Satz entsteht. Zum Vergleich befindet sich ein Lösungsvorschlag im Anhang.

Üb. 12: Lineares vierstimmiges Aussetzen

2.2.3.4 Stimmführungsvoicings

Eine spezielle Form des linearen Aussetzens soll an dieser Stelle zumindest erwähnt werden. Sie entsteht durch so genannte Stimmführungsvoicings[9]. Dabei handelt es sich um eine etwas speziellere Technik, Zwischentöne auszusetzen. Sie führt manchmal zu für sich genommen seltsam anmutenden Klängen, die jedoch im Fluss der Musik schlüssig wirken können. Die Klänge sind auf eine besondere Stimmführung hin ausgerichtet, wobei vor allem der Aspekt der Gegenbewegung berücksichtigt wird.

Das folgende Notenbeispiel 25 zeigt Stimmführungsvoicings für einen CΔ7- oder A−7-Akkord. Sie lassen sich anhand folgender Maßgabe bilden: Bewegt sich die Melodie um einen Ganzton, so werden die Unterstimmen um einen Halbton in die gleiche Richtung geführt (a, b). Bewegt sich die Melodie um einen Halbton, so werden die Unterstimmen ebenfalls um einen Halbton, aber in die entgegengesetzte Richtung geführt (c, d). Bleibt der Melodieton liegen, können die Unterstimmen einen Halbton nach oben oder unten in den Zielklang geführt werden (e, f). Die chromatisch verlaufenden Unterstimmen können aber auch zueinander entgegengesetzt laufen (g, h).

NB. 25: Stimmführungsvoicings bei einem CΔ7- oder A−7-Akkord

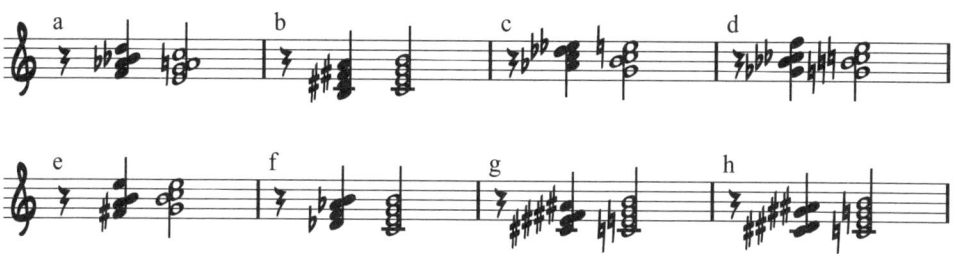

2.2.3.5 Skalenvoicings

Eine weitere Sonderform des vierstimmigen Satzes resultiert aus so genannten Skalenvoicings[10]. Dieser Ansatz soll hier kurz skizziert werden. Es handelt sich dabei um Voicings, die nicht primär den zugrunde liegenden Akkord gemäß seiner Terzschichtung repräsentieren, sondern sich relativ frei aus dem Tonmaterial der zugehörigen Skala zusammensetzen. Sie zielen vor allem auf einen interessanten Eigenklang ab, weshalb weniger zwischen Haupt- und Nebentönen in der Melodie unterschieden wird. Es ist sowohl tonale Parallelführung als auch Gegenbewegung möglich. Dabei steht das Klangbild der Skala im Vordergrund und weniger das des Akkordes. Skalenvoicings erzeugen einen eher exotischen Klang und stehen stilistisch vor allem mit modernerem Jazz in Verbindung. Das Prinzip der Skalenvoicings verdeutlicht das folgende Notenbeispiel 26.

---

9   Vgl. Herborn (1995, 59).
10 Vgl. Herborn (1995, 103).

NB. 26: Skalenvoicings

2.2.4 Fünfstimmiges Aussetzen

2.2.4.1 Shearing-Satz

Die einfachste Form des fünfstimmigen Aussetzens leitet sich direkt aus dem Four-Part-Close-Satz ab, indem man bei diesem als fünfte Stimme die Melodie eine Oktave tiefer verdoppelt. Das folgende Notenbeispiel 27 zeigt die gleichen Voicings für einen CΔ7-Akkord einmal in Four Part Close (s. 2.2.3.1) und einmal im Shearing-Satz.

NB. 27: Voicings für einen CΔ7/9-Akkord in Four Part Close und im Shearing-Satz

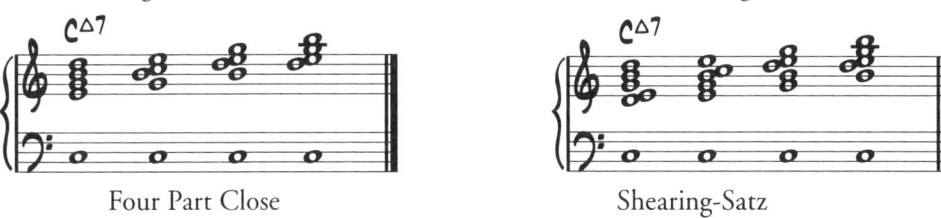

Four Part Close   Shearing-Satz

Die Bildung von Shearing Voicings ist grundsätzlich unproblematisch. Alle Voicings aus dem Abschnitt Four Part Close (s. 2.2.3.1) lassen sich durch die zusätzliche Oktavverdoppelung zu fünfstimmigen Voicings umwandeln. Shearing Voicings klingen noch dichter und kompakter als ihr vierstimmiges Pendant, da der Oktavraum enger besetzt ist. Sie werden sehr häufig für den Saxophonsatz in Bigbands verwendet, da dieser im Unterschied zum Trompeten- und Posaunensatz standardmäßig fünfstimmig besetzt ist.

Als Übung spiele man die in Tabelle 4 dargestellten Versionen des vierstimmig ausgesetzten Melodiesegments am Klavier. Danach ändere man sie in einen Shearing-Satz, wobei die linke Hand die oktavierte Melodiestimme übernimmt. Selbiges kann auch anhand des in Übung 10 selbstständig entwickelten Satzes umgesetzt werden.

2.2.4.2 Drop 2 Double Lead

Eine Kombination aus Shearing-Satz und Drop 2 ist der Drop-2-Double-Lead-Satz. Ausgangspunkt ist abermals ein Four-Part-Close-Satz, bei dem die Melodie eine Oktave tiefer verdoppelt und danach die zweite Stimme von oben um eine Oktave nach unten transponiert (gedroppt) wird. Das folgende Notenbeispiel 28 zeigt die gleichen Voicings wie Notenbeispiel 23 für einen CΔ7-Akkord einmal in Four Part Close (s. 2.2.3.1) und einmal als Drop 2 Double Lead.

NB. 28: Voicings für einen CΔ7/9-Akkord in Four Part Close und als Drop 2 Double Lead

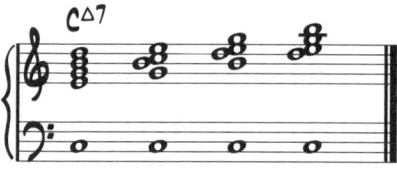

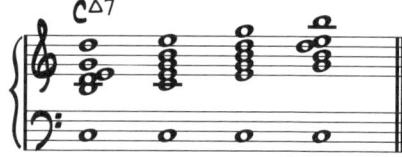

Four Part Close   Drop 2 Double Lead

Drop 2 Double Lead Voicings klingen etwas offener als Shearing Voicings. Zu beachten ist lediglich – wie immer, wenn das Drop-2-Verfahren angewendet wird –, dass die Unterstimme nicht zu tief liegt und keine kleinen Nonen entstehen. Genau wie Shearing Voicings werden auch Drop 2 Double Lead Voicings sehr häufig für den Saxophonsatz in Bigbands verwendet, da dieser standardmäßig fünfstimmig besetzt ist. Beide Satztypen kommen dabei insbesondere bei Supersax-Abschnitten (s. 5.2.3) zum Einsatz.

Als Übung spiele man die in Tabelle 4 dargestellten Versionen des vierstimmig ausgesetzten Melodiesegments am Klavier. Danach ändere man die Vorlage in einen Drop-2-Double-Lead-Satz, wobei die linke Hand die oktavierte Melodiestimme sowie auch die gedroppte Stimme übernimmt. Selbiges kann ebenso anhand des in Übung 11 selbstständig entwickelten Satzes umgesetzt werden.

2.2.4.3 Pentatonische Voicings

Die vorangegangenen Abschnitte zeigten fünfstimmige Sätze, bei denen ein Ton oktavverdoppelt wurde. Es ist aber auch möglich, eine Melodie mit fünf verschiedenen Tönen auszusetzen. Dies führt zu einem tendenziell moderneren Klang. Für den Einsteiger sei allerdings darauf hingewiesen, dass man beim Aussetzen einer Melodie in dieser Weise auf Schwierigkeiten stoßen kann. Eine Verbindung von in sich gut klingenden Voicings und flüssiger Stimmführung ist dabei schwerer zu realisieren. Dies hat damit zu tun, dass sich verschiedene Umkehrungen eines Voicings klanglich wesentlich stärker unterscheiden als etwa beim Four-Part-Close-Satz. Es kann passieren, dass ein Melodieton eine Umkehrung erfordert, die nicht befriedigend klingt, oder sich die Stimmführung zwischen zwei wohlklingenden Voicings nicht ausgeht. Hier bedarf es einiger Erfahrung, um zu schlüssigen Lösungen zu kommen.

Eine Möglichkeit zur Bildung von Voicings aus fünf verschiedenen Tönen ist die Verwendung pentatonischer Tongruppen. Unter einer Pentatonik versteht man eine Fünftongruppe, die sich in Quintschichtung bringen lässt. Pentatonische Tongruppen können über verschiedenen Grundtönen viele unterschiedliche Akkorde darstellen. Das zeigt Notenbeispiel 29 anhand einer D-Moll- (bzw. F-Dur-)Pentatonik über verschiedenen Grundtönen.

NB. 29: D-Moll- (bzw. F-Dur-)Pentatonik über verschiedenen Grundtönen

Man spricht von alterierten Pentatoniken, wenn innerhalb der Quintschichtung auch verminderte und übermäßige Quinten vorkommen. Typische alterierte Pentatoniken samt möglichen Akkordbildungen zeigen die Notenbeispiele 30 und 31.

NB. 30: B-Halbvermindert- (bzw. D-Moll6-)Pentatonik über verschiedenen Grundtönen

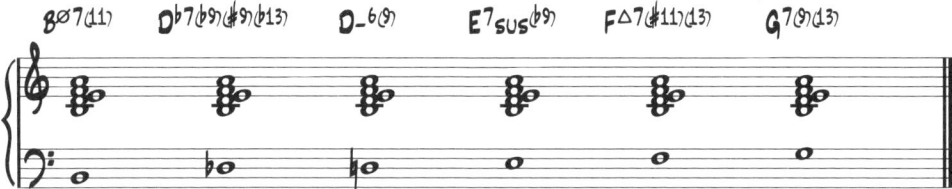

NB. 31: F-Übermäßig-Pentatonik über verschiedenen Grundtönen

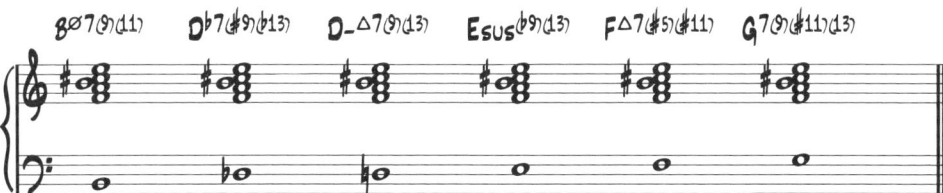

Um sich mit den verschiedenen Anwendungsmöglichkeiten der gezeigten Pentatoniken vertraut zu machen, sollte man die Notenbeispiele 29 bis 31 am Klavier in möglichst vielen verschiedenen Tonarten nachvollziehen.

Die Notenbeispiele 29 bis 31 zeigten bereits pentatonische Voicings in enger Lage. Um die Lage zwecks offeneren Klangs zu erweitern, lässt sich wieder das Drop-2-Verfahren anwenden. Dies veranschaulicht Notenbeispiel 32 anhand einer E-Moll- (bzw. G6-)Pentatonik.

NB. 32: Pentatonische Voicings in enger Lage und Drop 2

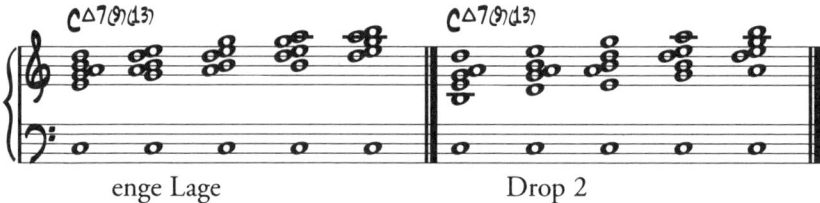

enge Lage   Drop 2

Gelegentlich wird bei Fünftongruppen auch das Drop-3-Verfahren angewendet. Dadurch wird die Lage noch etwas weiter als bei Drop 2. Dies kann im Einzelfall allerdings auch weniger befriedigende Klangresultate liefern. Während nämlich bei Drop 2 die melodieführende Stimme vom Rest des Voicings etwas abgesetzt und damit besser hörbar ist, kann sie bei Drop 3 in ihrer Wirkung beeinträchtigt werden, da hier die beiden benachbarten Oberstimmen gemeinsam hervortreten. Deswegen wird an Stellen, die eine weite Anordnung einer Tongruppe nahelegen, häufig das Drop-2-&-4-Verfahren bevorzugt. Der Umfang des Voicings erweitert sich dann im Vergleich zu Drop 3 noch mehr, und die Oberstimme gewinnt an Raum.

Drop 3 und Drop 2 & 4 veranschaulicht Notenbeispiel 33 wieder anhand einer E-Moll- (bzw. G6-)Pentatonik.

NB. 33: Pentatonische Voicings in enger Drop 3 und Drop 2 & 4

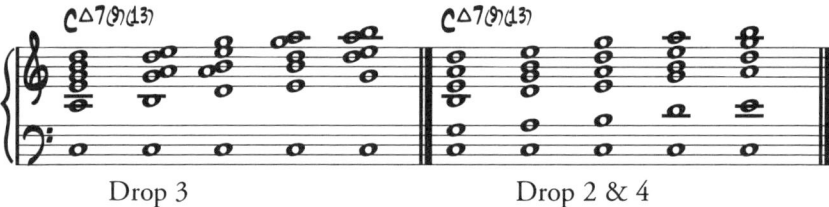

Drop 3   Drop 2 & 4

Bei Fünftongruppen ergibt sich mittels Drop 2 & 4 häufig eine sehr homogene Intervallstruktur. Das dritte Voicing in Takt 2 von Notenbeispiel 33 ist beispielsweise ein reines Quartenvoicing. Diese Homogenität beeinflusst den Klang positiv. Allerdings fehlt Drop 2 & 4 Voicings fast immer die Sekundreibung. Bei pentatonischen Tongruppen, die das Intervall der kleinen Sekunde enthalten, ist wieder zu vermeiden, dass durch das Droppen kleine Nonen entstehen.

Zu Übungszwecken ist es sinnvoll, die in den Notenbeispielen 32 und 33 dargestellten pentatonischen Voicings am Klavier in verschiedenen Tonarten zu spielen. Dabei sollte auch die Kombination dieser Voicings mit anderen Grundtönen probiert werden. In einem weiteren Schritt können die gleichen Drop-Verfahren anhand der in den Notenbeispielen 30 und 31 dargestellten alterierten Pentatoniken durchgeführt werden.

Es ist selten sinnvoll, eine Melodie nur mit pentatonischen Voicings auszusetzen. Eine Kombination mit anderen Voicings führt in der Regel zu überzeugenderen Ergebnissen. Die unten dargestellte Melodie hingegen ist so angelegt, dass sie als Übung entsprechend der angegebenen Akkordsymbole ausschließlich mit pentatonischen Voicings ausgesetzt werden kann. Ein Lösungsvorschlag zum Vergleich befindet sich im Anhang. Als weitere Übung sollte dann das (evtl. korrigierte) Ergebnis am Klavier gespielt und in verschiedene Tonarten transponiert werden.

Üb. 13: Fünfstimmiges Aussetzen mit pentatonischen Voicings

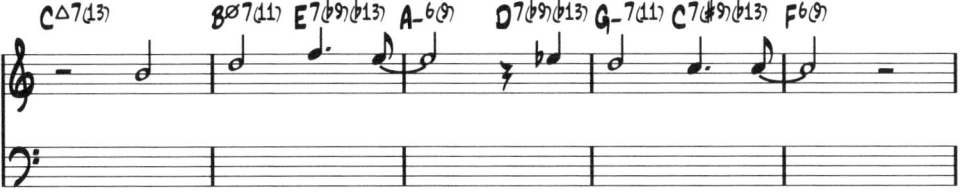

2.2.4.4 Upper Structure Voicings

Ein Voicing wird als »Upper Structure Voicing« bezeichnet, wenn sich dessen Töne in eine »Basisfraktion« und eine »Oberstruktur« einteilen lassen, sodass die Basisfraktion ein eigenständiges Voicing für den zugrunde liegenden Akkord bildet und die Oberstruktur aus einem Dur- oder Molldreiklang besteht. Upper Structure Voicings haben einen sehr charakteristischen Klang, den man als »strahlend« beschreiben könnte.

In Notenbeispiel 34 sind einige besonders gängige Upper Structure Voicings dargestellt. Die Basisfraktion repräsentiert stets bezüglich des Grundtons c selbstständig einen C7-Akkord. Die Oberstruktur ist in den ersten drei Fällen ein Dur-, im vierten Fall ein Molldreiklang.

NB. 34: Beispiele für Upper Structure Voicings (vgl. Levine 1989, 109)

In Takt drei gehört der Ton e^1 sowohl zur Oberstruktur als auch zur Basisfraktion. Dadurch wird eine Terzverdopplung vermieden. Besonders ausgeprägt ist der charakteristische Klang von Upper Structure Voicings, wenn die Oberstruktur aus einem Durdreiklang besteht und dieser in Quartsextstellung angeordnet ist.

Neben dem klanglichen Reiz haben Upper Structure Voicings den praktischen Vorteil, dass sie sich besonders gut handhaben lassen und relativ leicht an verschiedene musikalische Gegebenheiten angepasst werden können. Die Aufteilung in Oberstruktur und Basisfraktion ermöglicht es, beide Fraktionen unabhängig voneinander umzukehren. Dies zeigt Notenbeispiel 35. Dort werden die beiden Fraktionen des ersten Voicings aus Notenbeispiel 34 unabhängig voneinander umkehrt.

NB. 35: Verschiedene Anordnungen eines Upper Structure Voicings (vgl. Levine 1989, 110)

Es ist selten sinnvoll, eine Melodie nur mit Upper Structure Voicings auszusetzen. Eine Kombination mit anderen Voicings führt in der Regel zu überzeugenderen Ergebnissen. Die unten dargestellte Melodie hingegen ist so angelegt, dass sie als Übung entsprechend den angegebenen Akkordsymbolen ausschließlich mit Upper Structure Voicings ausgesetzt werden kann. Ein Lösungsvorschlag zum Vergleich befindet sich im Anhang. Als weitere Übung sollte das (evtl. korrigierte) Ergebnis am Klavier gespielt und in verschiedene Tonarten transponiert werden.

Üb. 14: Fünfstimmiges Aussetzen mit Upper Structure Voicings

Obwohl Upper Structure Voicings zumeist aus fünf (oder mehr; s. 2.2.5.2) Tönen bestehen, sind sie praktisch relativ einfach zu handhaben. Dies liegt daran, dass es erfahrungsgemäß leichter ist, statt einer großen Tongruppe zwei kleinere (zumeist vertrautere) Tongruppen gedanklich zu erfassen und separat anzuordnen. Es ist daher sinnvoll, diese Vorzüge auch auf andere Voicings zu übertragen, die keinen Dur- oder Molldreiklang als Oberstruktur aufweisen. Grundsätzlich lässt sich jede Tongruppe beliebig in zwei Fraktionen einteilen. Ein ausgewogenes Klangbild entsteht aber vor allem dann, wenn die Basisfraktion für sich genommen den zugrunde liegenden Akkord gut repräsentiert.

Dies ist insbesondere der Fall, wenn die Funktionstöne in der Basisfraktion enthalten sind. Neben der Ausgewogenheit des Klanges kommt ein weiterer Vorzug hinzu. Je besser die Basisfraktion den zugrunde liegenden Akkord darstellt, desto weniger verändert sich das Klangbild bei der Bildung fraktionsinterner Umkehrungen. Dies veranschaulicht Notenbeispiel 36. Die der Oberstruktur zugedachten Noten sind in der oberen Akkolade notiert. Während alle drei Voicings des ersten Taktes den zugrunde liegenden alterierten B7-Akkord in vergleichbarer Ausgewogenheit darstellen, kann man in Takt 2 eine zunehmende Eintrübung des Klangbildes feststellen, die durch die Isolierung der tief liegenden b13 hervorgerufen wird.

NB. 36: Auswirkung unterschiedlicher Einteilungen in Oberstruktur und Basisfraktion

vergleichbares Klangbild   unterschiedliches Klangbild

2.2.5 Dreizehnstimmiger Bigbandsatz

Das Schreiben eines Tuttisatzes für Bigband bezieht alle drei Bläsersektionen – sprich Trompeten, Posaunen und Saxophone – mit ein. Bei den später beschriebenen Satztechniken ist folgende Leitlinie unbedingt zu berücksichtigen: Für einen ausgewogenen Zusammenklang muss *jede Sektion auch für sich alleine genommen gut klingen*. Es genügt demnach nicht, die im Akkord enthaltenen Töne irgendwie auf die verschiedenen Stimmen zu verteilen. Zusätzlich zu bedenken ist, dass letztendlich vier Sektionen auf ihren Eigenklang hin zu überprüfen sind. So bildet nämlich auch das Blech – also Trompeten und Posaunen zusammen – eine Sektion, die für sich genommen gut klingen sollte.

2.2.5.1 Thickend Line

Eine sehr einfache und effektive Art, um vor allem schnelle und fließende Melodielinien dreizehnstimmig auszusetzen, ist der »Thickend-Line-Satz«. Er lässt sich folgendermaßen bilden: Zunächst wird die Melodie durch die Trompeten in Four Part Close (s. 2.2.3.1) ausgesetzt. Die Posaunen verdoppeln diesen Satz eine Oktave tiefer. Zum Schluss werden die Saxophone hinzugefügt. Sie verdoppeln die Posaunen, wobei das Baritonsaxophon als zusätzliche fünfte Stimme die Doppeloktave der Melodie spielt. Damit bildet die Saxophonsektion für sich einen vollständigen Shearing-Satz (s. 2.2.4.1). Ein Beispiel für ein solches Thickend Line Voicing zeigt Notenbeispiel 37.

NB. 37: Thickend Line Voicing

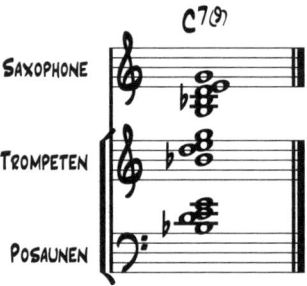

Thickend-Line-Sätze sind sehr kraftvoll. Sie klingen oft komplexer, als sie eigentlich sind, und ergeben – wie der Name schon sagt – das Klangbild einer verdickten Melodielinie.

Zu Übungszwecken setze man die unten abgebildete Melodie als Thickend Line aus. Dazu sind die verschiedenen Sektionen je in einem System als vier- bzw. fünfstimmiger Satz zusammen zu notieren (geschlossene Partitur; s. 7.3). Zum Vergleich befindet sich ein Lösungsvorschlag im Anhang.

Üb. 15: Aussetzen als Thickend Line

Zu beachten ist, dass solche Thickend Line Voicings den Ambitus einer Doppeloktave haben. Da die erste Trompeten oft nur bis zum b^2 (s. 6.2.1) geführt wird und die Unterstimme des Gesamtvoicings im Allgemeinen nicht tiefer als c^0 (s. 2.2.6) fallen sollte, steht für die Melodie nur ein Raum von ungefähr c^2 bis b^2 zu Verfügung, der mit den oben beschriebenen Thickend Line Voicings ausgesetzt werden kann. Zwar wird die erste Trompete manchmal auch höher gesetzt als b^2 – insbesondere wenn für professionelle Besetzungen geschrieben wird –, in jedem Fall sollte aber in der Gesamtplanung des Arrangements bedacht werden, dass ein solcher Tutti-Abschnitt in eine Tonart transponiert ist, bei der sich die Melodie in einem entsprechenden Raum bewegt. Falls dies nicht sinnvoll erscheint bzw. unmöglich ist oder falls die Melodie einen zu großen Ambitus hat, gibt es zwei Lösungsmöglichkeiten:

Die erste besteht darin, die Voicings zu modifizieren. Die Posaunen und Saxophone überlappen sich dann mit den Trompeten. Ein Beispiel für ein solches modifiziertes Thickend Line Voicing zeigt Notenbeispiel 38.

NB. 38: Modifiziertes Thickend Line Voicing

Bei dem Voicing in Notenbeispiel 38 bildet die Unterstimme nun nicht mehr die Doppeloktave der Oberstimme – ein kleiner, gelegentlich unumgänglicher Nachteil. Damit das Klangbild einer verdickten Melodielinie bestehen bleibt, sollte aber zumindest die Parallelbewegung der Außenstimmen so weit wie möglich beibehalten werden. Außerdem sollten die Stellen, an denen das Voicing zusammenrückt, gut ausgewählt sein. Günstig sind vor allem Pausen und Sprünge in der Melodie. Insbesondere ist darauf zu achten, dass die Oberstimmen von Saxophon- und Posaunensektion, die in solchen Fällen von der Melodie abweichen, ebenfalls ein schlüssiges melodisches Bild abgeben, damit wieder jede Sektion für sich allein gut klingt.

Die zweite Lösungsmöglichkeit besteht darin, die Melodie zu modifizieren. Ein Thickend Line Tutti befindet sich zumeist im späteren Verlauf eines Arrangements. Die Melodie ist also vermutlich schon hinlänglich präsentiert worden und kann – ja sie sollte sogar – in veränderter Form erscheinen. Dadurch wird es eventuell möglich, die höchsten oder tiefsten Töne zu umgehen, um so den Ambitus zu verringern. Dies ist ein gängiges und durchaus probates Verfahren.

2.2.5.2 Basic Ensemble

Eine weitere Form, im Tutti für Bigband zu schreiben, ergibt sich aus so genannten Basic Ensemble Voicings (auch Chorale Voicings genannt). Sie werden folgendermaßen gebildet: Die erste Trompete spielt die Melodie und wird von der vierten Trompete oktavverdoppelt (»Double Lead«). Die übrigen beiden Trompeten werden so gesetzt, dass ein guter Gesamtklang dieser Sektion gewährleistet ist. Günstig ist es vor allem, wenn ein Dur- oder Molldreikang entsteht. Dadurch werden Upper Structure Voicings (s. 2.2.4.4) erzeugt. Dementsprechend ist es nicht notwendig, dass die Trompeten den zugrunde liegenden Akkord gut darstellen. Sie sollten nur für sich genommen ein überzeugendes Klangbild abgeben. Danach wird für die Posaunen ein Voicing in enger Lage gebildet, das nach Möglichkeit unter den Trompeten liegt. Dieses Posaunen-Voicing sollte für sich genommen den zugrunde liegenden Akkord gut repräsentieren (Basisfraktion; s. 2.2.4.4). Trompeten und Posaunen bilden nun zusammen bereits ein vollständiges Voicing, das für einen Blechsatz verwendet werden kann. Zur Bildung eines Tutti-Satzes setzt man dann noch die Saxophone wie folgt hinzu: Zunächst werden Tenor- und Altsaxophone in weiter Lage über den Blechsatz verteilt. Sie verdoppeln verschiedene Blechstimmen, um den Satz mit der Holzbläserfarbe zu durchsetzen. Es kann aber auch ein Ton nur in einer Saxophonstimme vorkommen. Dies führt dazu, dass die Holzfarbe etwas stärker hörbar wird. Das Baritonsaxophon spielt den Grundton. Der Abstand zur nächsthöheren Stimme ist dabei in der Regel größer als zwischen den anderen Stimmen. Die Saxophone sollten für sich genommen gut klingen und den Akkord vollständig ausdrücken. Ein Beispiel für ein solches Basic Ensemble Voicing zeigt Notenbeispiel 39.

NB. 39: Basic Ensemble Voicing

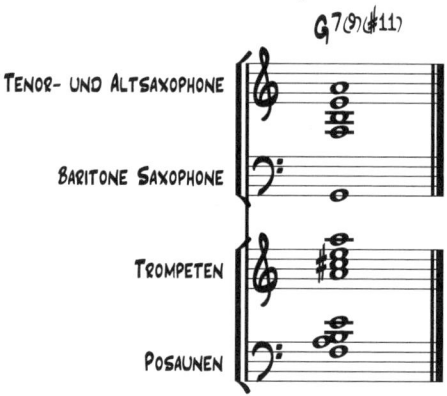

Basic Ensemble Voicings eignen sich im Vergleich zu Thickend Line Voicings weniger für das Aussetzen bewegter Melodien. Die einzelnen Stimmen verlaufen nicht immer parallel, sonder unabhängiger, um den teilweise nicht leicht zu vereinbaren Ansprüchen an gute Stimmführung (horizontal) und guten Voicingklang (vertikal) gerecht zu werden. Außerdem macht der tiefe Grundton im Baritonsaxophon den Klang etwas schwerfälliger. Aufgrund ihrer starken Resonanz erweisen sich Basic Ensemble Voicings hingegen für breitere Klänge, aber auch für kurze Einwürfe als günstig.

Die im Folgenden dargestellte Melodie der Trompetenstimme soll zu Übungszwecken mit Basic Ensemble Voicings ausgesetzt werden. Dazu sind die verschiedenen Sektionen je in einem System als vier- bzw. fünfstimmiger Satz zusammen zu notieren (geschlossene Partitur; s. 7.3). Man beachte, dass die Tonart so gewählt wurde, dass sich eine für das Bilden von Tuttisätzen günstige Lage ergibt. Zum Vergleich befindet sich ein Lösungsvorschlag im Anhang.

Üb. 16: Aussetzen mit Basic Ensemble Voicings

Der Grundton kann bei Basic Ensemble Voicings auch von der Bassposaune gespielt werden. Dann ändert sich der Satz entsprechend, wie es das folgende Notenbeispiel 40 zeigt.

NB. 40: Basic Ensemble Voicing mit Grundton in der Bassposaune

Baritonsaxophon und Bassposaune können auch gemeinsam den Grundton spielen. Dies führt zu einem eher massiven und schwerfälligen Klang.

Voicings nach dem Basic-Ensemble-Muster lassen sich auch ohne die Saxophone bilden. Dadurch entsteht ein achtstimmiger Blechsatz. In diesem Fall übernimmt die Bassposaune den Grundton. Ein solches Voicing zeigt das obige Notenbeispiel 40, wenn man die Saxophone weglässt.

2.2.5.3 Mischform

Eine Mischung aus Thickend Line und Basic Ensemble lässt sich folgendermaßen herstellen: Zunächst wird wie beim Thickend-Line-Satz die Melodie durch die Trompeten in Four Part Close (s. 2.2.3.1) ausgesetzt, und die Posaunen verdoppeln diesen Satz wieder eine Oktave tiefer. Die Saxophone bilden hingegen wie bei Basic Ensemble ein Voicing in weiter Lage mit Grundton im Baritonsaxophon. Ein solches Voicing zeigt Notenbeispiel 41.

NB. 41: Mischform aus Thickend Line und Basic Ensemble

Diese Voicings klingen etwas kompakter und agiler als Basic Ensemble Voicings. Allerdings führen auch sie den Grundton in der Unterstimme mit sich, was sie schwerfälliger macht als Thickend Line Voicings.

Die im Folgenden dargestellte Melodie der Trompetenstimme soll zu Übungszwecken mit den oben beschriebenen Mischvoicings ausgesetzt werden. Dazu sind die verschiedenen Sektionen je in einem System als vier- bzw. fünfstimmiger Satz zusammen zu notieren (geschlossene Partitur; s. 7.3). Man beachte, dass die Tonart so gewählt wurde, dass sich eine günstige Lage ergibt. Zum Vergleich befindet sich ein Lösungsvorschlag im Anhang.

Üb. 17: Aussetzen mit einer Mischform aus Thickend Line und Basic Ensemble

2.2.6 Klangliche Ausgewogenheit von Voicings

Die Töne eines Voicings treten untereinander in Beziehung, was den Klang nachhaltig beeinflusst. Bei der Bildung von Voicings gibt es daher einige Besonderheiten zu beachten, die hier zum Abschluss des Themas »Aussetzen« erörtert werden sollen.

<u>Kleine Nonen:</u> Wie bereits dargelegt, ist das Intervall der kleinen None zumeist problematisch. Normalerweise bleibt der Dissonanzgrad von Intervallen bei Oktavtransposition eines beteiligten Tones annähernd gleich. So weisen kleine Sekunde und große Septime ein vergleichbares Klangverhalten auf. Folglich können sich diese beiden Intervalle bei der Bildung von Voicings gegenseitig ersetzen. Verwendet man stattdessen das Intervall der kleinen None, so erzeugen die bis auf die Oktavtransposition identischen Töne eine gänzlich veränderte Klangqualität. Deren besondere Schärfe ist insbesondere mit stabilen Akkorden tendenziell unvereinbar. Kleine Nonen sind bei der Voicingbildung folglich eher zu vermeiden. Allerdings gibt es zwei Ausnahmen: Erstens ist im quintfällig fortgeführten Dominantsept- (sowie im Sus4-)Akkord die kleine None über dem Grundton sehr geeignet, da ihre Schärfe die Auflösungstendenz unterstützt. Zweitens ist ein Voicing mit kleiner None als Durchgang akzeptabel. Dies zeigt Notenbeispiel 42.

NB. 42: Drop-2-Anordnung mit kleiner None

problematisch   akzeptabel

<u>Sekundreibung:</u> Sowohl die große als auch insbesondere die kleine Sekunde weisen aufgrund der räumlichen Nähe der beteiligten Töne einen besonderen Klang auf, der als »Reibung« bezeichnet wird. Diese Reibung erzeugt innerhalb eines Voicings nicht nur eine leichte Schärfe, sondern auch klangliche Wärme. Daher ist es sehr beliebt, Voicings mit Sekundreibung zu bilden.

Um sich von der klanglichen Wirkung der Sekundreibung zu überzeugen, spiele man die in Notenbeispiel 43 dargestellten Voicings.

NB. 43: Voicing mit und ohne Sekundreibung

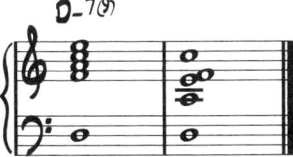

Es ist durchaus möglich und üblich, dass zwei Sekunden nebeneinander liegen, sofern sie nicht beide klein sind. Drei oder mehr benachbarte Sekunden sind hingegen zumeist problematisch.

Verhältnis zur Terzschichtung des Akkordes: Voicings sind zumeist darauf ausgerichtet, einen zugrunde liegenden Akkord gut zu repräsentieren. Im Rahmen dur-moll-tonaler Musik sind Akkorde ihrem Wesen nach terzgeschichtet. Daher ist bei der Bildung gerade von größeren Voicings darauf zu achten, dass die verwendeten Töne in einem angemessenen Verhältnis zu ihrer Position innerhalb der Terzschichtung des Akkordes angeordnet werden. Die folgenden Überlegungen können als Anhaltspunkt dienen:

- Der Grundton bildet sozusagen das Fundament eines Akkordes. Er wird daher vorzugsweise dem Bass zugeordnet, da dies der Fundamentfunktion entgegenkommt. Gerade bei Akkorden mit größerer Terzschichtung werden selten andere Töne als der Grundton im Bass verwendet.[11]
- Die Quinte kann (sofern diese nicht vermindert oder übermäßig ist) im Septakkord ohne Beeinträchtigung der harmonischen Bedeutung fehlen. Wenn die Quinte verwendet wird, stabilisiert sie die Beziehung zum Grundton. Davon kann man sich durch Spielen der Voicings in Notenbeispiel 44 überzeugen.

NB. 44: Voicings mit und ohne Akkordquinte

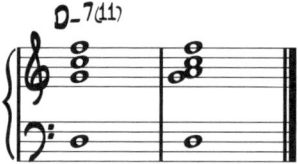

Hinsichtlich der Platzierung der Quinte im Voicing ist man wenig eingeschränkt. Selbst wenn sie weiter oben liegt, ergeben sich daraus kaum Probleme, weil sie als kräftiger Oberton des Grundtones im unteren Teil des Voicings – wo sie eigentlich hingehört – sowieso schon vorhanden ist. Ist die Quinte eines Akkordes vermindert, so sollte sie eher im unteren Teil eines Voicings angesiedelt werden.

- Terz und Septime eines Akkordes werden im Jazz oft als Funktionstöne bezeichnet, da nur diese zwei Töne in der Regel genügen, um einen Akkord über einem Grundton auszudrücken. Daher ist darauf zu achten, dass die Funktionstöne in einem Voicing weit genug unten liegen. Betrachtet man den Grundton als das Fundament

---

11 »Chords of 9th (and certainly those of 11th and 13th) are, more often than not, used in Root position. This assures maximum support for the upper functions and assures greatest harmonic clarity« (Delamont 1965 b, 84).

eines Akkordes, so könnte man Terz und Septime als Grundmauern ansehen. Diese sollten kräftiger sein – sprich tiefer liegen – als eventuelle Aufbauten.

- None, Undezime und Tredezime können – um im Bild zu bleiben – als Aufbauten verstanden werden. Die Bedeutung dieser Töne besteht weitestgehend darin, einen Akkord mit größerem Farbenreichtum zu versehen. Auf die Akkordfunktion haben sie keinen Einfluss. Optionen sollten tendenziell höher in einem Voicing platziert werden. Bei Anordnungen in engerer Lage können sie mitunter auch in der Umgebung der Funktionstöne angesiedelt sein, ohne die klangliche Ausgewogenheit von Voicings zu beeinträchtigen. Die Platzierung unterhalb der Funktionstöne führt jedoch häufig zu einem unbefriedigenden Klang. Im Übrigen gilt als grobe Faustregel, dass Optionen nicht unterhalb von f^0 angesiedelt sein sollten.

Die genannten Anhaltspunkte sind keine allgemein verbindlichen Regeln. Es gibt durchaus gängige Voicings, die der obigen Darstellung weniger entsprechen. Trotzdem ist das Wissen um die Bedeutung der verschiedenen Töne einer Harmonie für das Erzielen von klanglicher Ausgewogenheit bei der Bildung von Voicings hilfreich.

Registerwahl: Im Allgemeinen werden Voicings bevorzugt in einem mittleren Register angesiedelt. Die Umgebung des Tones c^1 kann als Kernbereich angesehen werden. Positioniert man Voicings zu tief, so wird der Klang diffus und verschwommen. Gerade dichtere Voicings tendieren bei tiefer Position dazu, unbefriedigend zu klingen. Die Töne c^0 bis d^0 können als grober Anhaltspunkt für den Grenzbereich verstanden werden. Der Grundton ist von diesen Überlegungen selbstverständlich ausgenommen. Aber auch die reine Quinte kann gelegentlich unter dem c^0 liegen, ohne unangenehm zu klingen. Im Übrigen ist zu bedenken, dass zunehmende Höhe den Klang von Voicings strahlender, aber auch aggressiver macht, insbesondere dann, wenn dabei Grenzbereiche von Blasinstrumenten erreicht werden.

Low Intervall Limits: Wie tief ein Voicing noch gut klingt, hängt auch maßgeblich von den enthaltenen Intervallen ab. Man kann ungefähr angeben, welches Intervall wie tief noch akzeptabel klingt. Dies zeigt das folgende Notenbeispiel 45.

NB. 45: Low Intervall Limits

<u>Spacing:</u> Hinsichtlich der möglichen Tonabstände innerhalb eines Voicings – man spricht hier auch von »Spacing« – gibt es auch unabhängig vom Register gewisse Einschränkungen. Wie bereits erwähnt, sollten nicht zwei benachbarte kleine Sekunden vorkommen. Damit ein Voicing den Eindruck einer klanglichen Einheit vermittelt, ist es günstig, wenn die enthaltenen Intervalle nicht zu groß werden. Der Abstand zweier benachbarter Töne sollte tendenziell eine große Sexte nicht überschreiten. Bei größeren Voicings kann es sinnvoll sein, im unteren Teil kleinere und im oberen Teil größere Intervalle zu verwenden.

<u>Tonverdopplungen:</u> Oktavverdopplungen werden häufig vermieden, da dabei der verdoppelte Ton besonders hervorgehoben wird. Dies wirkt sich zumeist negativ auf die klangliche Ausgewogenheit aus, es sei denn, es entspricht der Bedeutung eines Tones. Eine besondere Bedeutung lässt sich sicherlich dem Grundton sowie der Oberstimme zuschreiben. Folglich sind es insbesondere diese beiden Töne, die für die Oktavverdopplung in Frage kommen, allerdings unter Vorbehalt:

- Die Oberstimme eines Voicing hat immer eine melodische Komponente. Wenn sie auf Grund von Oktavverdopplung stärker in den Vordergrund tritt, wird dies ihrer besonderen Bedeutung gerecht. Dadurch wird die klangliche Ausgewogenheit eventuell gefördert. Bei oktavverdoppelter Oberstimme ist es auch möglich, eine oder ggf. sogar mehrere nächsttiefere Stimmen ebenfalls oktavzuverdoppeln. Die Gruppe der oktavverdoppelten Töne liegt dann geschlossen über derjenigen der einfach vorkommenden. Höher liegende Töne haben weniger Klangfülle. Hier kann die Oktavverdopplung ausgleichend wirken und so die Ausgewogenheit des Klangbildes positiv beeinflussen.
- Auch ein Grundton kann oktavverdoppelt werden. Befindet er sich im tieferen Bassregister, ist lediglich darauf zu achten, dass der dabei entstehende wuchtigere Klang der musikalischen Situation entspricht. Fällt eine Oktavierung des Grundtons in einen höheren Bereich, in dem sich möglicherweise auch andere Töne des Voicings befinden, so führt dies zumeist zu unbefriedigenden Resultaten. Der Grundton hat Fundamentfunktion. Diese kommt gerade dann besonders gut zum Tragen, wenn die höheren Stimmen *von unten* gestützt werden.

Eine Frage, die in diesem Zusammenhang immer wieder auftritt, ist die nach der Verwendung von Grundtönen bei Piano- oder Bläservoicings, wenn ein Bassinstrument dabei ist. Ein grundsätzliches Verdopplungsverbot ist sicherlich nicht angebracht. Entscheidend ist folgender Grundsatz: *Jede Sektion muss für sich alleine gut klingen.* Da die meisten Voicings auch bei fehlendem Grundton ein vollständiges Klangbild vermitteln, bietet es sich an – es ist aber nicht zwingend –, den Grundton alleine dem Bassinstrument zu überlassen. Bei Voicings, die ohne Grundton ihre volle klangliche Wirkung nicht entfalten können, ist dieser in einem seiner Funktion entsprechenden tiefen Register einzusetzen. Damit keine tief liegenden Dissonanzen auftreten, kann man die

Bassführung entsprechend einrichten, etwa indem v. a. Grundton und Quinte verwendet werden. Ist das Voicing nur von kurzer Dauer, so kann mitunter auch darauf verzichtet werden.

2.3 Begleiten

2.3.1 Guide Tone Lines

Eine einfache, aber sehr wirkungsvolle Art der Begleitung kann darin bestehen, die eigentliche Melodie mit einer langsam in Sekundschritten verlaufenden zweiten Melodielinie zu hinterlegen. Solche so genannten Guide Tone Lines wirken besonders ansprechend, wenn sie eine klare Struktur aufweisen. Günstige Formen sehen wie folgt aus:

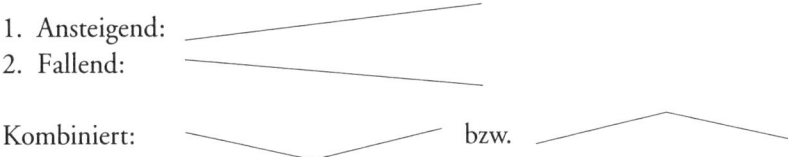

1. Ansteigend:
2. Fallend:

Kombiniert: bzw.

Ein Wechsel der Bewegungsrichtung wie im dritten Fall schwächt das Klangbild allerdings eher. Daher sollten mehrer Richtungswechsel tendenziell vermieden werden.

Bei der Verwendung von Guide Tone Lines ist zunächst darauf zu achten, dass keine Konflikte mit der Melodie auftreten. Gerade Sekunden (vor allem kleine) zwischen beiden Stimmen können Probleme bereiten. Aber auch gemeinsame Töne beeinträchtigen manchmal das Klangbild, da an diesen Stellen die Zweistimmigkeit unterbrochen ist. Darüber hinaus sollten Guide Tone Lines eher von kürzerer Dauer sein. Das Ausfüllen ganzer Formteile ist nicht unbedingt erstrebenswert.

Die folgenden beiden Übungsbeispiele enthalten eine aufwärts und eine abwärts gerichtete Guide Tone Linie. Beide sind bereits schon in der Akkordfortschreitung angelegt. Man spricht dabei von einer harmonischen Line Progression. Zu Übungszwecken sind die Guide Tone Lines jeweils ins untere Notensystem einzutragen, und zwar gleich in einer musikalisch sinnvoll gestalteten Form. Die Rhythmik sollte eher unauffällig sein, um die Aufmerksamkeit nicht von der Melodie abzulenken. Ganze Noten sind durchaus probat. Zu überlegen ist etwa im ersten Beispiel, ob man Antizipationen im melodischen Rhythmus (s. 4.2.1) in der Begleitstimme mit vollzieht oder ob man eher die rhythmisch stabilere Zählzeit 1 bevorzugt. Entsprechende Lösungsvorschläge befinden sich im Anhang.

Üb. 18: Schreiben einer Guide Tone Line aus der harmonischen Line Progression

Üb. 19: Schreiben einer Guide Tone Line aus der harmonischen Line Progression

Bei lange liegenden Akkorden kann es sinnvoll sein, selbstständig eine Line Progression einzufügen. Dies ermöglicht es dann auch, den Klang durch eine Guide Tone Line aufzufrischen. Einen solchen Fall zeigt das folgende Übungsbeispiel. Man suche nach entsprechenden Möglichkeiten und notiere bei beiden Akkorden eine Guide Tone Line in das untere System. Ein Lösungsvorschlag befindet sich im Anhang.

Üb. 20: Schreiben einer Guide Tone Line aus eingefügter Line Progression

Auch bei quintfälligen Akkordfolgen findet man häufig Möglichkeiten zur Bildung von Guide Tone Lines. Wann immer nämlich Septakkorde quintfällig fortschreiten, gilt die Terz-Sept-Stimmführung.[12] Dies führt in der Regel zu fallenden Linien. Einen Sonderfall bilden Dominantketten. Dort fallen beide Stimmen stets chromatisch. Die sich daraus ergebenden Guide Tone Lines sind in der folgenden Übung aufzusuchen und im unteren Notensystem zu notieren. Auch hier ist auf eine musikalisch sinnvolle Gestaltung zu achten. Ein Lösungsvorschlag befindet sich im Anhang.

Üb. 21: Schreiben zweier Guide Tone Lines aus Terz-Sept-Stimmführung

Bei sonstigen quintfälligen Akkordfortschreitungen sind oft ebenfalls sinnvolle Guide Tone Lines anzutreffen. Die folgende Übung ermöglicht es, im Verlauf mehr als eine solche zu bilden. Auch dies ist musikalisch sinnvoll gestaltet im unteren Notensystem zu notieren. Ein Lösungsvorschlag befindet sich im Anhang.

Üb. 22: Schreiben einer Guide Tone Line aus Terz-Sept-Stimmführung

Gelegentlich lassen sich Guide Tone Lines auch im Bereich der Optionen und Alterationen bilden. In der folgenden Übung liefern die Akkordsymbole diesbezüglich eine gute Vorlage. Hat man einen Ansatzpunk gefunden, sollte man prüfen, wie weit vor- und rückwärts die Linie geführt werden kann. Das Ergebnis ist in musikalisch gestalteter Form im unteren System zu notieren. Danach kann man für die noch verbleibenden Takte ebenfalls Guide Tone Lines finden und gleichermaßen eintragen. Ein Lösungsvorschlag befindet sich im Anhang.

---

12 Bei quintfälligen Akkordfortschreitungen wird die Terz zur Septime und die Septime zur Terz geführt.

Üb. 23: Schreiben einer Guide Tone Line im Bereich der Optionen und Alterationen

Das folgende Notenbeispiel 46 zeigt an zwei Stellen, dass eine Guide Tone Line im Bass in der Harmonik bereits angelegt ist.

NB. 46: Guide Tone Line in der Bassfortschreitung

Gelegentlich kann man auch unabhängig von der Vorgabe selbst eine Guide Tone Line in den Bass legen. Dies ermöglicht das folgende Beispiel. Als Übung notiere man eine entsprechende Unterstimme in das freie System. Ein Lösungsvorschlag befindet sich im Anhang.

Üb. 24: Schreiben einer Guide Tone Line im Bass

2.3.2 Pads

In vielen Arrangements wird eine Melodie zeitweise von einer mehrstimmigen Klangfläche hinterlegt. Man spricht dabei auch von einem »Pad« (engl.: Polster). Bei der Bildung solcher Flächenklänge sind mehrere Aspekte zu beachten. Pads sollten rhythmisch wenig aktiv sein, sodass sie im Hintergrund bleiben und die Aufmerksamkeit nicht zu sehr von der Melodie ablenken. Längere Notenwerte sind durchaus probat. Rhythmische Aktivität sollte, wenn überhaupt, eher an den Stellen einsetzen, an denen die Melodie pausiert. Zusätzlich sollten die verwendeten Klänge wegen der größeren zeitlichen Ausdehnung der zugrunde liegenden Harmonik entsprechen. Harmonische Zwischenklänge (s. 2.2.3.1) sind zumeist wenig sinnvoll.

Trotz der geringen Aktivität eines solchen Begleitsatzes, ist die Oberstimme sorgsam zu gestalten, da sie in einem mehrstimmigen Satz immer melodieführenden Charakter hat. Sie sollte daher so angelegt sein, dass sie sowohl für sich genommen als auch zusammen mit der eigentlichen Melodie ein schlüssiges Bild abgibt. Länger andauernde Dissonanzen zwischen diesen beiden Stimmen sind eher zu vermeiden.

Die eigentliche Melodie selbst wird in der Regel nicht mehrstimmig ausgesetzt, wenn sie mit Pads unterlegt ist. Das liegt einerseits daran, dass man auf Keep Chord (s. 2.2.3.1) beschränkt wäre, da es beim Verwenden harmonischer Zwischenklänge (s. 2.2.3.1) zu einer übermäßigen Zahl von Dissonanzen zwischen den beiden mehrstimmigen Sätzen käme. Andererseits ist das Aussetzen der Melodie mit Keep Chord zumeist auch nicht befriedigend, da es zu einer Vielzahl gemeinsamer Töne der beiden beteiligten Sätze führt, wodurch diese klanglich miteinander verschmelzen und sich so leicht ineinander verlieren.

Bei der Verwendung von Pads in einem Arrangement ist zu bedenken, dass diese für Blechbläser schnell anstrengend werden. Deshalb sollten Pads, die sich über einen längeren Abschnitt erstrecken, eher von Holzbläsern übernommen werden. Noch besser eignen sich Streicher. Sie benötigen keine Atempausen, wodurch Pads beliebig lang sein können.

Zu Übungszwecken soll die im Folgenden dargestellte Melodie mit vierstimmigen Pads hinterlegt werden. Dabei ist auf eine musikalisch sinnvolle Gestaltung zu achten und zwar besonders im Hinblick auf geringe rhythmische Aktivität, harmonisches Gesamtbild und Schlüssigkeit der Oberstimme. Außerdem ist die Möglichkeit zum Luftholen für Bläser mit einzuplanen. Ein entsprechender Lösungsvorschlag findet sich im Anhang.

Üb. 25: Begleiten mit Pads

2.3.3 Untermalende Backings

Untermalende Backings sind im Vergleich zu Pads weniger darauf ausgerichtet, eine dauerhafte Klangfläche zu bilden. Sie enthalten zumeist mehr Pausen und können rhythmisch aktiver sein. Sowohl längere als auch kürzere Notenwerte können verwendet werden. Ausgeprägte rhythmische Aktivität sollte dabei aber vor allem auf die Stellen beschränkt bleiben, an denen die Melodie pausiert oder liegend verweilt. Zu beachten ist bei untermalenden Backings, dass sie genau wie Pads im Hintergrund bleiben sollten, um die Aufmerksamkeit nicht zu sehr von der eigentlichen Melodie abzulenken.

Wie bei jedem mehrstimmigen Satz ist dabei auch auf die sorgsame Gestaltung der Oberstimme zu achten. Ihr melodieführender Charakter tritt wegen der tendenziell größeren Menge an Tönen noch stärker in Erscheinung als bei Pads. Daher lohnt es sich, zunächst die Oberstimme des Backing-Satzes zu entwickeln. Sie sollte so angelegt sein, dass sie zusammen mit der eigentlichen Melodie ein schlüssiges Bild abgibt.

Neben Klängen, die der zugrunde liegenden Harmonik entsprechen, können auch harmonische Zwischenklänge (s. 2.2.3.1) verwendet werden. Dies sollte aber dem melodischen Verlauf der Oberstimme entsprechend geschehen. Im Übrigen sind Konflikte mit der eigentlichen Melodie zu vermeiden.

Auch wenn die Melodie selbst mehrstimmig ausgesetzt ist, kann sie mit untermalenden Backings begleitet werden. Dann ist aber darauf zu achten, dass dort, wo Melodie und Backings zusammenfallen, beide mit ähnlichen Klängen ausgesetzt werden, sodass keine unangenehm klingenden Dissonanzen entstehen. Das Zusammenfallen beider Sätze sollte jedoch die Ausnahme sein. Die rhythmische Anlage des Begleitsatzes ist so zu gestalten, dass dieser sich nicht zu stark mit der ausgesetzten Melodie überschneidet. Sonst besteht die Gefahr, dass beide Sätze derart stark miteinander verschmelzen, dass sie sich ineinander verlieren.

In der Praxis kommt es oft vor, dass die Melodie nur einstimmig bzw. im Unisono gespielt wird, wohingegen die Backings mehrstimmig ausgesetzt sind. Dies ermöglicht erstens mehr Freiheiten bei der Gestaltung der Backings. Zweitens tritt die Melodie dadurch klarer in Erscheinung. Denn eine Melodie wird, wie bereits erwähnt, als solche durch mehrstimmiges Aussetzen nicht gestärkt.

Zu Übungszwecken soll die im Folgenden dargestellte Melodie musikalisch ansprechend mit vierstimmigen untermalenden Backings hinterlegt werden. Ein entsprechender Lösungsvorschlag findet sich im Anhang.

Üb. 26: Begleiten mit untermalenden Backings

2.3.4 Untermalendes Ostinato

Als »Ostinato« werden musikalische Figuren bezeichnet, die stetig wiederkehren. Ostinati können einstimmig sein, dann haben sie eher melodisch-rhythmischen Charakter. Sie können aber auch mehrstimmig ausgesetzt sein. Dabei ist jedoch zu beachten, dass zu viele Stimmen den Entfaltungsraum für die eigentliche Melodie schnell zu stark einschränken. Wenn ein Ostinato untermalend sein soll, wird es rhythmisch und melodisch eher weniger aktiv angelegt, um die Aufmerksamkeit nicht zu sehr von der Melodie abzulenken.

Genau wie bei Pads und untermalenden Backings sind Konflikte zwischen Melodie und Begleitung zu vermeiden. Daher ist in der Regel entweder das Ostinato oder die Melodie – also nicht beides gleichzeitig – mehrstimmig ausgesetzt.

Als Übung entwerfe man für die unten dargestellte Melodie ein zweistimmiges untermalendes Ostinato. Die für ein Ostinato typische Monotonie sollte durch kleine und unauffällige Veränderungen im Verlauf aufgefrischt werden. Dadurch wird der Eindruck von zu starker Vorhersehbarkeit vermieden. Ein Lösungsvorschlag befindet sich im Anhang.

Üb. 27: Begleiten mit untermalendem Ostinato

2.4 Kontrapunktieren

2.4.1 Fugenartiges Führen mehrerer Stimmen

Das fugenartige Führen zweier oder mehrerer Stimmen liefert tendenziell ein komplexeres Klangbild, da es für das Gehör eine Herausforderung darstellt, mehreren Melodiestimmen gleichzeitig zu folgen.

Es ist selten sinnvoll, die verschiedenen Melodielinien in einem fugenartigen Geflecht mehrstimmig auszusetzen. Dies führt, wie bereits erwähnt, einerseits leicht zu harmonischen Konflikten zwischen den Sätzen, andererseits aber möglicherweise auch zu deren zu starker Verschmelzung. Vor allem aber wird das Klangbild schnell überfrachtet. Was allerdings mitunter funktionieren kann, ist das Begleiten mehrerer fugenartig verlaufender Stimmen z. B. durch Pads.

Um mehrere Stimmen fugenartig zu führen, geht man ähnlich vor wie beim linearen Aussetzen, nur nicht mit dem Ziel, einen homophonen Satz zu bilden. Zunächst werden die Töne der Melodie gesucht, an denen der zugrunde liegende Akkord dargestellt werden soll. Diese setzt man entsprechend mit einer zweiten Stimme aus. Danach werden diese Eckpunkte miteinander verbunden, aber im Gegensatz zum linearen (homophonen) Aussetzen so, dass die Unterstimme rhythmisch unabhängig verläuft. Sie sollte vor allem für sich genommen gut klingen und tendenziell dort aktiver sein, wo die Melodie weniger aktiv ist. Wichtig für ein überzeugendes Klangbild ist, dass jede Stimme einen guten melodischen Fluss hat und dass das Zusammenspiel im Hinblick auf Aktivität und Pausen gut ausbalanciert ist. Daher kann man sich auch über diesen zuletzt genannten Aspekt zuerst Gedanken machen, bevor man sich mit den Eckpunkten und dem dortigen Zusammenklang der Stimmen beschäftigt.

Mitunter ist es auch möglich, eine dritte Stimme bzw. weitere Stimmen hinzuzufügen. Dabei sind eventuell Modifikationen an der zweiten Stimme notwendig. Solche vielstimmigen Fugensätze kommen im Jazz/Rock/Popbereich allerdings nicht allzu oft vor.

Als Übung bearbeite man die unten dargestellte Melodie durch Hinzusetzen einer zweiten Stimme entsprechend den obigen Erläuterungen. Ein Lösungsvorschlag befindet sich im Anhang.

Üb. 28: Kontrapunktieren mit fugenartiger zweiter Stimme

2.4.2 Call & Response

Das Kontrapunktieren nach dem Muster Call & Response eignet sich vor allem für Melodien, die wie eine Frage klingen und somit eine entsprechende Antwort nahelegen. Ein Paradebeispiel für Call & Response findet sich in der Komposition »Moanin'« (Bobby Timmons) sowie in »So What« (Miles Davis). Es gibt nicht viele Stücke, die dieses Muster derart deutlich erkennen lassen. Allerdings ist es innerhalb eines Arrangements manchmal möglich, das thematische Material so zu bearbeiten, dass Call & Response entsteht.

Zu Übungszwecken schreibe man einen vierstimmigen Satz in das System unter die unten dargestellte Melodie nach dem Muster Call & Response. Ein entsprechender Lösungsvorschlag findet sich im Anhang.

Üb. 29: Kontrapunktieren mit Call & Response

2.4.3 Heraustretende Backings

Heraustretende Backings unterscheiden sich von untermalenden lediglich dadurch, dass sie mehr im Vordergrund stehen. Sie können zu einer einstimmigen, aber auch zu einer mehrstimmig ausgesetzten Melodie hinzutreten. Gerade in letzterem Fall ist darauf zu achten, dass Melodie und Backings weniger gleichzeitig als eher getrennt voneinander verlaufen, da es sonst leicht zu einem klanglichen Durcheinander kommt. Heraustretende Backings sind letztlich mit Call & Response verwandt. Allerdings können dabei auch fließendere melodische Verläufe in den Oberstimmen vorkommen, als man sie typischerweise mit einem Ruf bzw. dessen Antwort verbindet.

Zu Übungszwecken schreibe man heraustretende Backings in Form eines vierstimmigen Satzes in das System unter die unten dargestellte Melodie. Einen entsprechenden Lösungsvorschlag findet man im Anhang.

Üb. 30: Kontrapunktieren mit heraustretenden Backings

2.4.4 Heraustretendes Ostinato

Heraustretende Ostinati unterscheiden sich von ihrem untermalenden Pendant nur durch ihre Vordergründigkeit. Sie lassen sich daher nach den bereits unter 2.3.4 (untermalendes Ostinato) dargestellten Maßgaben bilden. Da sie die Aufmerksamkeit stärker von der Melodie ablenken, ähnelt der Klang oft dem einer fugenartigen Führung der Stimmen, wobei eine Stimme monotonen Charakter hat.

Als Übung entwerfe man für die unten dargestellte Melodie ein einstimmiges heraustretendes Ostinato. Die für ein Ostinato typische Monotonie sollte durch kleine und unauffällige Veränderungen im Verlauf aufgefrischt werden. Dadurch wird der Eindruck von zu starker Vorhersehbarkeit vermieden. Ein Lösungsvorschlag befindet sich im Anhang.

Üb. 31: Kontrapunktieren mit heraustretendem Ostinato

3 Harmonik

Der harmonische Verlauf innerhalb eines Arrangements ist für dessen Klangbild von großer Bedeutung. Es kann daher durchaus sinnvoll sein, die musikalische Vorlage zu verändern. Im Hinblick auf den formalen Ablauf ist es oft günstig, Formteile bei mehrmaligem Wiederkehren unterschiedlich zu harmonisieren. Dadurch lässt sich z. B. eine Steigerung innerhalb eines Arrangements erzielen. Des Weiteren kann ein Arrangement dadurch gewinnen, dass es nicht in der gleichen Tonart verweilt – sprich moduliert. Mit derartigen Gestaltungsmöglichkeiten beschäftigt sich dieses Kapitel.

3.1 Reharmonisation

In diesem Abschnitt soll gezeigt werden, wie zu einer Melodie neue Harmonien gebildet werden können. Solche Reharmonisationen können auf drei verschiedene Arten entstehen:

- additive Reharmonisation (Zufügen von Akkorden);
- reduktive Reharmonisation (Weglassen von Akkorden);
- alternative Reharmonisation (Ersetzen von Akkorden).

Die große Fülle an Möglichkeiten der Reharmonisation lässt sich kaum überblicken. Allgemein gilt es, das Verhältnis von Melodieton und Akkord zu beachten und die Spannungsverläufe der drei Aspekte Melodie, Akkordfortschreitung und Verhältnis von Melodieton und Akkord zu einer sinnvollen Einheit zu bringen. Konkreter werden die Möglichkeiten der Reharmonisation, wenn man sich entschließt, die Grundstruktur der funktionsharmonischen Gegebenheiten beizubehalten. Um dies vorzuführen, wird im Folgenden gezeigt, wie Akkorde zu einer Tonart in Beziehung stehen können, um dann daraus additive, reduktive und alternative Reharmonisationsmöglichkeiten abzuleiten.

Zunächst sollte man sich klarmachen, dass es nur drei Möglichkeiten gibt, wie Akkorde zu einer Tonart in Bezug stehen können:

1. Die Akkorde bestehen aus leitereigenem Tonmaterial (leitereigene Akkorde).
2. Die Akkorde haben die Funktion, schlüssig wieder in einen leitereigenen Akkord der Tonart zurückzuführen (Zwischendominanten, Zwischensubdominantparallelen, Tritonussubstitute, tritonusverwandte Zwischensubdominantparallelen, Leitklänge, verminderte Akkorde).
3. Die Akkorde enthalten tonartfremde Töne, die Färbungsalterationen bilden (Modal-Interchange-Akkorde, Molldurakkorde, Blues-Akkorde).

Bevor die einzelnen oben in Klammern dargestellten Akkordtypen hinsichtlich ihrer Reharmonisationsmöglichkeiten erörtert werden, sollte man sich vergegenwärtigen, dass Akkorde aus Kategorie eins vor allem die Tonart stabilisieren, dabei aber vergleichsweise farbarm sind. Akkorde aus den Kategorien zwei und drei haben aufgrund der tonartfremden Töne mehr Farbe. Dabei erzeugen Akkorde aus Kategorie zwei durch das Leitprinzip zusätzlich Dynamik, wohingegen die aus Kategorie drei etwas statischer wirken.

Im Folgenden werden nun konkrete Reharmonisationen vorgestellt. Dabei geht es darum, grundsätzliche Möglichkeiten aufzuzeigen. Was tatsächlich gut klingt, kann letztendlich nur im konkreten Einzelfall entschieden werden.

<u>Leitereigene Akkorde:</u> Die leitereigenen Akkorde einer Durtonart bilden einen Akkordvorrat, der neben den drei Hauptfunktionen (Tonika, Subdominante, Dominante) auch die dazugehörigen Parallelen und Gegenklänge enthält. Der Austausch von Hauptfunktionen und deren Parallelen bzw. Gegenklängen – und umgekehrt – kann als alternative Reharmonisation dienen.

<u>Zwischendominanten:</u> Jedem Akkord, der auf einer leitereigenen Stufe (außer VII) steht, kann eine Zwischendominante vorgeschaltet werden. Insbesondere können Zwischendominanten selbst durch vorgeschaltete Zwischendominanten erreicht werden. Diese Reharmonisation ist additiv. Es können auch bestimmte Zwischendominanten herausgenommen werden, wodurch sich eine reduktive Reharmonisation ergibt.

<u>Quartvorhaltsakkorde:</u> Der Quartvorhaltsakkord zu einer (Zwischen-)Dominante ist der entsprechende 7sus4-Akkord. Da er lediglich eine Figuration des Leittons ist, kann man jeder (Zwischen-)Dominante einen entsprechenden 7sus4-Akkord vorschalten (additiv). Dabei entsteht eine Fortschreitung nach dem Muster Vsus-V-I. Man mache sich des Weiteren klar, dass sich eine Vsus-V-I-Verbindung von einer II-V-I-Verbindung lediglich im Bass unterscheidet (z. B. ist D–7 über einem Basston g identisch mit G7/9sus4 und Dø7 über einem Basston g identisch mit G7/b9sus4). Folglich kann man jeder (Zwischen-)Dominante einen entsprechenden Moll7- oder halbverminderten Akkord als Quartvorhalt vorschalten (additiv). Dabei entsteht eine Fortschreitung nach dem II-V-I-Muster (D–7 bzw. Dø7 funktioniert als Quartvorhaltsakkord zu G7). Auch das Herausnehmen vorgeschalteter Quartvorhaltsakkorde ist häufig möglich (reduktiv).

<u>Modal-Interchange-Akkorde:</u> Das Ersetzen von leitereigenen Akkorden durch gleichnamige Modal-Interchange-Akkorde ist ein grundsätzlich mögliches alternatives Reharmonisationsverfahren, wenngleich auf diesem Wege zum Teil stark in das klangliche Geschehen eingegriffen wird. Naheliegender ist die alternative Reharmonisation bestehender Modal-Interchange-Akkorde durch terzverwandte Klänge (Parallelen und Gegenklänge).

<u>Tritonussubstitute:</u> Jede (Zwischen-)Dominante kann durch ihr Tritonussubstitut ersetzt werden (alternativ) und umgekehrt. Entsprechend der additiven Reharmonisation mittels (Zwischen-)Dominanten (s. o.) gilt: Jedem Akkord, der auf einer leitereigenen Stufe (außer VII) steht, kann ein entsprechendes Tritonussubstitut vorgeschaltet wer-

den. Es können auch bestimmte Tritonussubstitute herausgenommen werden, wodurch sich eine reduktive Reharmonisation ergibt.

In diesem Zusammenhang ist außerdem ein Sonderfall zu erwähnen: Zu jedem Tritonussubstitut gibt es einen Maj7-Akkord (Modal-Interchange-Akkord) auf der gleichen Stufe. Tritonussubstitut und besagter Maj7-Akkord unterscheiden sich nur in der Septime. Eine alternative Verwendung beider Akkorde ist häufig möglich. Der Ersatz eines Tritonussubstituts durch einen entsprechenden Maj7-Akkord führt meist zu einer Akkordfortschreitung nach dem Muster der Neapolitaneraufösung (man spricht daher auch von einem »Zwischenneapolitaner«). Dabei ist zu berücksichtigen, dass hier ein Austausch von dominantisch und nicht dominantisch wirkenden Akkorden passiert.

Quartvorhaltsakkorde zu Tritonussubstituten: Auch einem Tritonussubstitut kann man einen entsprechenden 7sus4-Akkord als Quartvorhalt vorschalten (additiv), sodass eine Verbindung nach dem II-V-Muster entsteht (z. B. lässt sich die Fortschreitung Db7-CΔ7 zu Ab–7-Db7-CΔ7 erweitern). Auch das Herausnehmen solcher Quartvorhaltsakkord ist häufig möglich (reduktiv). Eine alternative Reharmonisation erreicht man durch das Ersetzen eines Quartvorhaltsakkordes durch sein tritonusverwandtes Pendant (z. B. Ab–7-Db7-CΔ7 statt D–7-Db7-CΔ7 und umgekehrt). Dabei ist jedoch stets die geringe Verwandtschaft im Tonmaterial der beiden Alternativen zu beachten.

Leitklänge: Jedem Akkord kann additiv ein um einen Halbton höher oder tiefer liegender Akkord gleichen Typs (so genannter Leitklang) vorgeschaltet werden. Ein entsprechendes reduktives Verfahren bei vorhandenen Leitklängen ist ebenfalls möglich. In bestimmten Fällen können Leitklänge auch alternativ zu Zwischendominanten verwendet werden. Die Vertauschbarkeit wird dabei durch den Bezug beider Akkorde auf einen gemeinsamen Zielakkord ermöglicht.

Verminderte Akkorde: Die enge Verwandtschaft von verminderten und dominantischen Akkorden ermöglicht deren alternative Verwendung. Aus demselben Grund können sie auch Akkorden additiv vorgeschaltet werden. Das entsprechende reduktive Herausnehmen vorhandener verminderter Akkorde ist ggf. auch möglich.

Blues-Akkorde: Die Verwendung von Durakkorden mit kleiner Septime auf den Stufen I und IV erzeugt die »Blues Tonika« bzw. »Blues Subdominante«. Diese können alternativ zu Tonika bzw. Subdominante verwendet werden. Dabei sollten vor allem stilistisch Erwägungen eine Rolle spielen.

Zu Übungszwecken reharmonisiere man den in Notenbeispiel 47 dargestellten achttaktigen Abschnitt und zwar einmal alternativ (→ Abwechslung) und einmal additiv (→ Steigerung). Dazu notiere man die entsprechenden Akkordsymbole jeweils über dem Notentext. Es ist darauf zu achten, dass die verwendeten Akkorde zur Melodie passen. Entsprechende Lösungsvorschläge befinden sich im Anhang.

Üb. 32: Alternative Reharmonisation

Üb. 33: Additive Reharmonisation

3.2 Modulation

Modulation ist Veränderung der Tonalität, also der Übergang von einer Tonart in eine andere. Dieser Übergang kann einen mehr oder weniger langen Verlauf nehmen. Die Modulation ist abgeschlossen, wenn ein Akkord als neue Tonika gehört wird.

Das Klangbild einer Modulation wird wesentlich durch den Verwandtschaftsgrad der beiden beteiligten Tonarten geprägt. Dieser entspricht dem Abstand der beteiligten Tonarten im Quintenzirkel. Modulationen in näher verwandte Tonarten sind oft milder und weniger markant; der Übergang zu entfernteren Tonarten hingegen ist zumeist auffälliger und stärker in seiner Wirkung. Man kann sich die klangliche Bedeutung der Modulationsdistanz klarmachen, indem man ein Stück am Klavier spielt und es dann einmal um einen Halbton und einmal um einen Ganzton nach oben transponiert (zwei in der Popmusik sehr gängige Modulationen am Ende eines Stückes). Im einen Fall beträgt der Abstand zur Ausgangstonart fünf Vorzeichen, im anderen nur zwei. Entsprechend unterschiedlich fällt das Klangbild aus.

Modulationen stellen einen größeren Eingriff in den formalen Ablauf eines Arrangements dar, der bei guter Platzierung einen starken Effekt erzielen kann. In den folgenden Abschnitten soll aufgezeigt werden, wie der Übergang in eine neue Tonart gestaltet werden kann.

3.2.1 Pivot-Modulation

Eine Pivot-Modulation[13] – auch »Umdeutungsmodulation« genannt – ist ein Tonartwechsel, bei dessen Verlauf mindestens ein Akkord sowohl bezüglich der Ausgangs- als auch der Zieltonart eine Funktion hat. Jeder dieser Akkorde ist somit mehrdeutig, dient als Bindeglied zwischen beiden Tonarten und wird als »Pivot-Akkord« bezeichnet. Das Prinzip einer solchen Modulation beruht also auf der Umdeutung der Pivot-Akkorde.

Es lassen sich drei Arten von Pivot-Akkorden unterscheiden:[14]

1. Common Pivot Chord: Diese sind leitereigen in beiden Tonarten. Sie ermöglichen lediglich Modulationen um bis zu zwei Vorzeichen.
2. Modal Pivot Chord: Akkorde, die in der Ausgangs-, der Zieltonart oder in beiden Tonarten als Modal-Interchange-Akkord auftreten, können als Pivot-Akkorde dienen. Jeder Tonartwechsel kann so hergestellt werden.
3. Dominant Structure Pivot Chord: Dominantseptakkorde können stets als Pivot-Akkorde dienen, da sie zwangsläufig als (Zwischen-)Dominante oder als Tritonussubstitut in beiden Tonarten vorhanden ist. Vergleichbares gilt für verminderte Akkorde, da sich diese stets auf Dominantfunktionen zurückführen lassen.

Im Folgenden werden verschiedene Beispiele für Pivot-Modulationen vorgeführt. Dabei zeigen die Klammern an, welche Akkorde sich auf die Ausgangs- und welche sich auf die Zieltonart beziehen. Die Akkorde mit Bezug auf beide Tonarten sind die Pivot-Akkorde.

Mittels des Common Pivot Chord können Modulationen um maximal zwei Vorzeichen erreicht werden. Die Modulation um ein Vorzeichen ist selten, da der Effekt aufgrund der engen Verwandtschaft der beteiligten Tonarten eher gering ist. Für eine Modulation um zwei Vorzeichen kommt nur ein Akkord als Common Pivot Chord in Frage. Es ist der Moll7-Akkord, der in der einen Tonart auf der II. Stufe (Subdominantparallele) und in der anderen auf der III. Stufe (Tonikagegenklang) steht. Daraus ergeben sich die beiden in Notenbeispiel 48 dargestellten Modulationsweisen.

---

13   »pivot« (engl.) = Dreh-, Angelpunkt.
14   Diese Unterscheidung geht auf Delamont (1965b, 280ff.) zurück.

NB. 48: Modulationen mit einem Common Pivot Chord

Wesentlich häufiger findet man Modulationen mit Modal Pivot Chords. Ein Akkord, der besonders oft als Modal Pivot Chord verwendet wird, ist bVII7. Er dient zumeist in der einen Tonart als Vertreter der Mollsubdominante und in der anderen als Dominantfunktion.

Einen solchen Fall zeigt Notenbeispiel 49. Dort funktionieren C–7 und F7 als Pivot-Akkorde. Sie sind Modal-Interchange-Akkorde in der Tonart G-Dur (IV. und VII. Stufe aus G-Äolisch, Mollsubdominante und ihr Vertreter) und leitereigen in der Tonart Bb-Dur (II. und V. Stufe, Subdominantparallele und Dominante). Die Modulationsdistanz zwischen den Tonarten beträgt drei Vorzeichen.

NB. 49: Modulation mit Modal Pivot Chord

Auch nicht dominantische Akkorde lassen sich als Modal Pivot Chord verwenden. Dies zeigt das folgende Notenbeispiel 50. Dort funktionieren C–7 und AbΔ7 als Pivot-Akkorde. Sie sind leitereigen in der Tonart Eb-Dur (VI. und IV. Stufe, Tonikaparallele und Subdominante) und Modal-Interchange-Akkorde in der Tonart G-Dur (IV. und II. Stufe aus G-Phrygisch, Mollsubdominante und Neapolitaner). Die Modulationsdistanz beträgt vier Vorzeichen.

NB. 50: Modulation mit Modal Pivot Chord

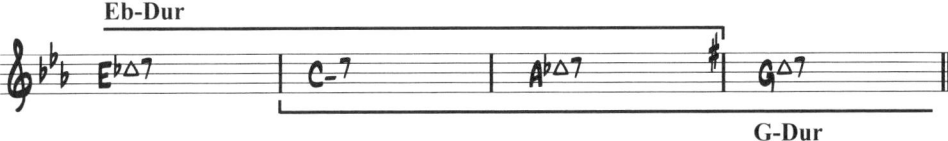

Die wohl am häufigsten verwendeten Pivot-Akkorde sind Dominant Structure Pivot Chords. Eine einfache und gängige Variante besteht in der Umdeutung einer Zwischendominante der Ausgangstonart als Dominante der neuen Tonart. Derartiges zeigt Notenbeispiel 51. Dort funktioniert D7 als Pivot-Akkord. Er ist Zwischendominante in Bb-Dur (V von VI) und leitereigen in der Tonart G-Dur (V. Stufe, Dominante). Die Modulationsdistanz beträgt drei Vorzeichen.

NB. 51: Modulation mit Dominant Structure Pivot Chord

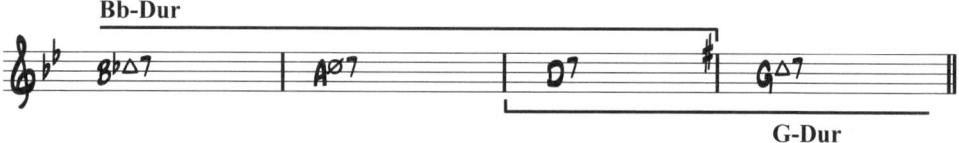

So wie im vorangegangenen Beispiel die Zwischendominante kann auch ein Tritonussubstitut umgedeutet werden. Derartiges zeigt Notenbeispiel 52. Dort funktioniert der Eb7 als Pivot-Akkord. Er ist Tritonussubstitut in A-Dur (subV von IV) und leitereigen in der Tonart Ab-Dur (V. Stufe, Dominante). Der Modulationsabstand beträgt fünf Vorzeichen.

NB. 52: Modulation mit Dominant Structure Pivot Chord

Die Möglichkeiten, mittels Dominant Structure Pivot Chords zu modulieren, sind vielfältig. Auch die Verwendung von verminderten Akkorden gehört dazu. Jeder Dominantakkord kann durch einen halb- und vier ganzverminderte Akkorde ersetzt werden. Aus Platzgründen wird hier auf weitere Beispiele verzichtet. Ein grundsätzliches Verständnis sollte hinreichend anhand der vorangegangenen Beispiele gewonnen werden können.

Um sich einen Überblick über die Fülle an Möglichkeiten der Pivot-Modulation zu verschaffen, lohnt es sich, die in 3.1 aufgelisteten Akkordfunktionen einer Tonart zu rekapitulieren und zu überlegen, wie sich diese zu Modulationszwecken umdeuten lassen.

Als Übung sollen im Folgenden Pivot-Modulationen notiert werden. Dabei sind die angegebenen Tonika-Akkorde der jeweiligen Ausgangs- und Zieltonarten schlüssig nach dem Pivot-Prinzip miteinander zu verbinden. Entsprechende Lösungsvorschläge befinden sich im Anhang.

Üb. 34: Pivot-Modulation von C-Dur nach D-Dur

Üb. 35: Pivot-Modulation von Es-Dur nach Ges-Dur

Üb. 36: Pivot-Modulation von F-Dur nach A-Dur

Üb. 37: Pivot-Modulation von Des-Dur nach E-Moll

Üb. 38: Pivot-Modulation von E-Dur nach H-Moll

Üb. 39: Pivot-Modulation von C-Dur nach As-Dur

Üb. 40: Pivot-Modulation von As-Dur nach F-Dur

Pivot-Modulationen zeichnen sich zumeist durch einen fließenden Übergang zwischen den Tonarten aus. Daneben gibt es auch Modulationen, die den entgegengesetzten klanglichen Effekt beabsichtigen. Sie werden im folgenden Abschnitt behandelt.

3.2.2 Direkte Modulation

Um einen unvermittelten Übergang zwischen zwei Tonarten zu schaffen, wird eine neue Tonika gesetzt, ohne dass vorher ein zwischen den Tonarten vermittelnder Akkord auftritt. Man sollte sich allerdings klarmachen, dass letztendlich jeder Akkord zu jeder Tonart in Beziehung steht.[15] Allerdings sind viele dieser Beziehungen nicht sehr eng. Manche Akkorde erhalten ihren Tonartbezug erst durch eine entsprechende Fortführung zurück in einen Akkord der Tonart (z. B. Leitklänge oder tritonusverwandte Zwischensubdominantparallelen; s. 3.1). Der Höreindruck einer direkten – sprich unvermittelten – Modulation lässt sich daher erzeugen, indem man einen mit der Ausgangstonart wenig verwandten Akkord zügig und schlüssig in eine neue Tonika führt oder sogar einen mit der Ausgangstonart unverwandten Maj7-Akkord als neue Tonika setzt und diese dann durch entsprechende harmonische Aktivität (z. B. Kadenz) bestätigt. Dies funktioniert vor allem dann gut, wenn die Modulationsdistanz groß ist, also Ausgangs- und Zieltonart wenige Töne gemeinsam haben. Eine direkte Modulation zeigt Notenbeispiel 53. Die Modulationsdistanz beträgt fünf Vorzeichen.

NB. 53: Direkte Modulation

Nun haben auch formale und metrische Gegebenheiten Einfluss auf das Modulationsempfinden. So kann möglicherweise ein Maj7-Akkord zu Beginn eines neuen Formteils als unvermittelte neue Tonika erklingen, obwohl er z. B. bezüglich der alten Tonart ein Modal-Interchange-Akkord ist. Durch den Formeinschnitt kann der Bezug zur alten Tonart verloren gehen.

Je abrupter der Wechsel zwischen zwei Tonarten vollzogen wird, desto auffälliger wirkt er. Dies ermöglicht es insbesondere, einen Überraschungseffekt zu erzeugen, der jedoch nur dann befriedigend klingt, wenn er innerhalb des musikalischen Kontextes sinnvoll ist.

Abschließend soll eine Möglichkeit aufgezeigt werden, wie sich trotz direkter Modulation ein vergleichsweise weicher Übergang von der Ausgangs- zur Zieltonart erreichen lässt. Der abrupte Wechsel wird nämlich umso milder, je mehr Töne der letzte Akkord der alten und der erste Akkord der neuen Tonart gemeinsam haben. Ein Beispiel für eine

---

15 »A moments reflection will show, from one process to another, **any chord can appear in any key!** It follows, then, that any chord can function as a pivot chord between two keys« (Delamont 1965b, 280).

besonders weiche direkte Modulation liefert das folgende Notenbeispiel 54. Dort entsteht der weiche Übergang zwischen den Tonarten durch die drei gemeinsamen Töne d, f und a der Akkorde BbΔ7 und Bø7. Die Modulationsdistanz beträgt fünf Vorzeichen.

NB. 54: Weiche direkte Modulation von Bb-Dur nach A-Dur (fünf Vorzeichen)

Als Übung sollen im Folgenden direkte Modulationen zwischen den angegeben Ausgangs- und Zieltonarten notiert werden. Dabei ist im zweiten Fall eine möglichst weiche Variante zu wählen. Entsprechende Lösungsvorschläge befinden sich im Anhang.

Üb. 41: Direkte Modulation von E-Dur nach Bb-Dur

Üb. 42: Weiche direkte Modulation von Es-Dur nach G-Dur

4 Rhythmik

4.1 Grooves und Styles

4.1.1 Gestaltung

In den meisten Stilistiken aus dem Bereich Jazz/Rock/Pop spielt der Groove für das Klangbild eines Stückes eine entscheidende Rolle. Bei den verschiedenen Grooves und Styles handelt es sich zumeist um ein fein abgestimmtes Zusammenspiel der beteiligten Instrumente. Eine besondere Bedeutung kommt dabei der Rhythmusgruppe zu. Man kann zwischen drei Arten von Grooves unterscheiden:

- Standard Grooves: Dabei handelt es sich um typische und bekannte Grooves, deren Bezug zu einem Stück oft eher unspezifisch ist. Als solche sind zu nennen: Shuffle, Swing, ECM-Style, Bossa Nova etc. Diese Grooves sind vielfältig einsetzbar. So kann man beispielsweise häufig verschiedenste Stücke einfach als Swing spielen, ohne dass dadurch größere rhythmische Konflikte entstehen. Das Zusammenspiel der am Groove beteiligten Instrumente ist relativ offen, sodass einerseits eine Melodie frei darüber ablaufen kann und andererseits bestimmte rhythmische Schwerpunkte der Melodie in den Groove integriert werden können. Daher genügt es, für die Rhythmusgruppe z. B. das Wort »Shuffle« oder »Swing« über ein Stück zu schreiben (sowie eventuell noch ein Basispattern für unerfahrene Musiker zu notieren) und ansonsten die rhythmischen Eckpunkte der Melodie zu notieren, die von der Rhythmusgruppe mitvollzogen werden sollen.
- Normierte Grooves: Solche Grooves sind spezifischer und kommen gerade in lateinamerikanischer Musik häufig vor. Ihre Namen wie Rumba, Samba, Bolero, Boogaloo etc. stehen für ein klar definiertes rhythmisches Geflecht im Zusammenspiel der Instrumente. Die verschiedenen Instrumente haben feststehende Pattern, innerhalb derer variiert werden kann. Bei derartigen Grooves sind oft die rhythmischen Schwerpunkte sehr speziell verteilt, sodass sie bei Weitem nicht zu jeder Melodie passen. Daher sollte man sich mit der jeweiligen Stilistik sehr gut auskennen, wenn man sich z. B. dafür entscheidet, ein Stück als Merengue zu arrangieren. Für die Rhythmusgruppe ist es sinnvoll, an den Beginn des Stücks den Namen des Grooves zu schreiben und eventuell zusätzlich auch ein Basispattern zu notieren, um anzuzeigen, welche Variante des Grooves gemeint ist.
- Individuelle Grooves: Gerade in Stilistiken wie Funk und Rock ist häufig eine ganz spezieller Groove ein wichtiges Merkmal einer Komposition. Auch beim Arrangieren besteht die Möglichkeit, einen individuellen Groove für ein Stück zu entwerfen.

Hat etwa die Melodie eine besonders markante rhythmische Gestalt, so lässt sich diese eventuell durch einen entsprechenden Groove unterstützen. Dazu sollte man gute Kenntnisse über die Spielweisen der beteiligten Rhythmusgruppeninstrumente haben. Individuelle Grooves sind zwangsläufig detailliert zu notieren.

Bei der Notation von Grooves sollte hinsichtlich der Informationsmenge nach dem Motto »so viel wie nötig, so wenig wie möglich« verfahren werden. Zu bedenken ist, dass die Musiker in der Regel dazu ausgebildet sind, einen Groove selbstständig auszugestalten. Daher sollte insbesondere auf die Notation von Details wie z. B. unwichtige Ghost Notes[16] verzichtet werden.

Für das Gestalten eines Grooves ist eine Klangvorstellung notwendig. Als Übung ist es daher sehr zu empfehlen, verschiedene Grooves zu transkribieren und sich anschließend klar zu machen, ob eine und, wenn ja, welche Beziehung zur Melodie besteht. Dabei gilt es, besonders auf Details zu achten. Dies gilt auch für Standard Grooves. So ist z. B. Bossa Nova nicht zwangsläufig gleich Bossa Nova.

4.1.2 Rhythmische Modulation

Viele Arrangements verbleiben in ihrem gesamten Verlauf in ein und demselben Rhythmus. Dies unterstützt den klanglichen Zusammenhalt der verschiedenen Teile. Allerdings gibt es auch Arrangements, bei denen der Rhythmus wechselt. Der Effekt ist in vielerlei Hinsicht mit dem eines Tonartwechsels vergleichbar, nur dass sich dieser eben nicht auf harmonischer, sondern auf rhythmischer Ebene abspielt. Daher wird hier von rhythmischer Modulation gesprochen.

Ebenso wie harmonische Modulationen werden auch rhythmische gerne zur Formgestaltung eingesetzt. Häufig dienen sie zur Steigerung des Energieniveaus in bestimmten Formabschnitten. Dies ist etwa bei Balladen der Fall, wenn diese in ein »Double Time Feel« gehen.

Auch auf rhythmischer Ebene kann man zwischen einer direkten und einer Pivot-Modulation unterscheiden. Als rhythmische Pivot-Modulation wird der Fall bezeichnet, bei dem ein Element sowohl im alten wie auch im neuen Rhythmus eine Bedeutung hat und somit als Bindeglied zwischen beiden Rhythmen erscheint. Das Prinzip beruht dementsprechend auf der *Umdeutung* eines rhythmischen Elements. Die einfachsten Formen der rhythmischen Modulation sind der Übergang in »Half Time« und »Double Time«. Beim Übergang in Half Time werden die Halben des alten Rhythmus zu Vierteln des neuen umgedeutet. Die entsprechende Notation zeigt Notenbeispiel 55.

---

16   Ghost Notes sind Töne mit nicht klar definierter Tonhöhe.

NB. 55: Notation eines Übergangs in »Half Time«

In der Notation wird immer zuerst die Notenlänge angegeben, die zu neuen Vierteln umgedeutet wird, da der Spieler das Gefühl für diesen neuen Puls braucht. Beim Übergang in Double Time werden dementsprechend die Achtel des alten Rhythmus zu Vierteln des neuen umgedeutet. Die entsprechende Notation zeigt Notenbeispiel 56.

NB. 56: Notation eines Übergangs in »Double Time«

Häufig – insbesondere bei Stücken im 3/4-Takt – findet man eine auch rhythmische Modulation, wobei die punktierten Viertel des alten Rhythmus zu Vierteln des neuen umgedeutet werden. Dabei entsteht zumeist ein 4/4-Takt. Die entsprechende Notation zeigt Notenbeispiel 57.

NB. 57: Notation einer typischen Modulation von einem 3/4-Takt in einen 4/4-Takt

Die entsprechende Rückmodulation aus dem 4/4-Takt in den 3/4-Takt entsteht, indem die Vierteltriolen des alten Rhythmus zu Vierteln des neuen umgedeutet werden.

NB. 58: Notation einer typischen Modulation von einem 4/4-Takt in einen 3/4-Takt

Natürlich sind auch komplexere Modulationen in weniger verwandte Takte und Metren möglich. Rhythmische Pivot-Modulationen wirken dann besonders flüssig, wenn ein rhythmisches Element während der Modulation konstant durchläuft und sich somit umgedeutet im neuen Metrum fortsetzt. Ein solches verbindendes Element erleichtert sowohl dem Spieler als auch dem Zuhörer den Zugang.

Als Übung sind im Folgenden rhythmische Elemente notiert. Diese sollen entsprechend der angegebenen rhythmischen Modulation umgedeutet und in den neuen Rhythmus hinein fortgesetzt werden. Dazu ist zu notieren, welche Bedeutung das jeweilige Element im neuen Rhythmus hat. Eine Lösung findet sich im Anhang.

Üb. 43: Übergang in »Half Time«

Üb. 44: Übergang in »Double Time«

Üb. 45: Modulation von einem 3/4-Takt in einen 4/4-Takt

Üb. 46: Modulation von einem 4/4-Takt in einen 3/4-Takt

Direkte rhythmische Modulationen sind etwas seltener und in ihrem Klangbild buchstäblich unvermittelter. Darüber hinaus sind sie mit einer praktischen Schwierigkeit behaftet. Während nämlich bei Pivot-Modulationen durch die Umdeutung das Tempo des neuen Rhythmus vorbestimmt ist, muss bei einer direkten Modulation ein Tempo erst neu gefunden werden. Dazu gibt es zwei Möglichkeiten. Die eine besteht darin, dass eingezählt wird. Sie bietet sich an, wenn vorher ein Klang gehalten wird oder eine Pause beabsichtigt ist. Die andere Möglichkeit besteht darin, einem Instrument eine Auftaktphrase zu geben, aus der heraus die übrigen Musiker das neue Tempo ableiten können.

4.2 Melodischer Rhythmus

4.2.1 Synkopen

In Bezug auf den Fluss einer Melodie ist die Synkope von entscheidender Bedeutung. Man mache sich klar, dass alle Offbeats letztlich unselbstständig sind. Sie bilden nämlich entweder einen Übergang zum folgenden Downbeat oder sie fungieren selbst als dessen antizipierter Vertreter. Um sich dies zu vergegenwärtigen, klatsche man die in den Notenbeispielen 59 und 60 dargestellten Phrasen und achte dabei auf die markierten Offbeats.

NB. 59: Offbeats als Übergang zum folgenden Downbeat

Im vorangegangenen Notenbeispiel 59 wirkt die Zählzeiten 2+ wie ein Durchgang zur 3 und die 4+ wie ein Auftakt zur folgenden 1. Ganz anders hingegen wird die Zählzeiten 2+ und 4+ im folgenden Notenbeispiel 60 empfunden. Sie klingen wie eine vorgezogene 3 und eine vorgezogene 1.

NB. 60: Offbeat als Antizipation des folgenden Downbeats

Das vorangegangene Notenbeispiel 60 zeigt Synkopen und deren Wirkung. Man kann sie als dynamisch und vorwärts treibend beschreiben. Diesen Effekt kann man sich bei der Gestaltung einer Melodie zu Nutze machen. Dazu verdeutliche man sich, dass jeder Offbeat, auf den kein Downbeat folgt, wie ein vorgezogener Downbeat klingt. Umgekehrt bedeutet dies, dass man jeden Downbeat, vor dem kein Offbeat steht, in Form einer Synkope vorziehen kann, wodurch ein vorwärts treibender Klang entsteht. Dadurch lassen sich Melodien vielfältig gestalten. Durch das geschickte Vorziehen bestimmter Downbeats kann die rhythmische Dynamik gesteigert werden.

Notenbeispiel 61 zeigt zwei Versionen der gleichen Melodie. Man vergegenwärtige sich die jeweils unterschiedliche Wirkung, die durch die Synkopen hervorgerufen wird.

NB. 61: Melodie in verschiedenen rhythmischen Versionen

Das vorangegangene Notenbeispiel zeigt im Übrigen, dass beide Versionen erkennbar die gleiche Melodie wiedergeben. Dies kann man sich in einem Arrangement insofern zu Nutze machen, dass sich eine mehrfach wiederkehrende Melodie im Verlauf unterschiedlich gestalten lässt.

Als Übung bearbeite man die in Notenbeispiel 62 dargestellte Melodie unter Verwendung von Synkopen. Ein entsprechender Lösungsvorschlag befindet sich im Anhang.

NB. 62:

Üb. 47: Verwenden von Synkopen

Selbstverständlich kann es manchmal sinnvoll sein, aus einer Melodie vorhandene Synkopen zu entfernen, um ein gesetzteres Klangbild zu erzeugen.

Neben den bisher besprochenen Achtelsynkopen gibt es weitere. In Musik, deren Groove auf der Teilung der Viertelnote in Sechzehntel basiert, sind auch Sechzehntelsynkopen gängig. Das Prinzip ist das gleiche wie bei den oben besprochenen Achtelsynkopen. Darüber hinaus findet man auch Viertelsynkopen. Sie funktionieren auf dieselbe Weise. Allerdings ist Folgendes zu beachten: Je größer die metrische Einheit ist, um die vorgezogen wird, desto auffälliger und auch schwerfälliger klingt die Synkope.

4.2.2 Figuration (Melodic Approaches)

Töne innerhalb einer Melodie werden als figurativ bezeichnet, wenn sie gewissermaßen unselbstständig sind, da sie auf einen später folgenden Ton Bezug nehmen. Es geht also konkret um Durchgangstöne, Nebennoten, Wechselnoten, Vorhalte etc. Diese werden oft auch unter dem englischen Oberbegriff »Approach Notes« zusammengefasst.

Das Besondere an diesen Tönen ist, dass sie wie eine Verzierung eines folgenden Bezugstons klingen und dabei auf den harmonischen Gehalt der Melodie keinen Einfluss nehmen. Dadurch eignen sie sich besonders, um auf den rhythmischen Verlauf einer Melodie Einfluss zu nehmen. Eine Melodie kann nämlich mit figurativen Tönen angereichert werden, ohne dass sich dabei ihre Grundstruktur und ihr harmonischer Gehalt wesentlich verändern. Allerdings verdichtet sich dabei der *melodische Rhythmus*, was zu einem Moment der Steigerung führen kann. In vereinzelten Fällen ist es auch möglich, die innerhalb einer Melodie bestehende Figuration herauszunehmen, wodurch sich der melodische Rhythmus verringert, oder es lassen sich vorhandene Figurationen zum Zweck der Variation der Melodie durch andere ersetzen.

Approach Notes liegen – wie der Name schon sagt – stets nah an ihrem Bezugston, und zwar räumlich (Sekundabstand) und zeitlich. Die Annäherung erfolgt bevorzugt *diatonisch von oben* und *chromatisch von unten* (Leittonprinzip). Typische Approaches mit einem und zwei Tönen zeigen die Notenbeispiele 63 und 64.

NB. 63: One Note Approaches

von oben   von unten

NB. 64: Two Note Approaches

oben-unten   unten-oben

oben-oben   unten-unten

Zu beachten ist, dass beim dritten Two Note Approach in Notenbeispiel 64 zwei Halbtonschritte von oben in den Zielton führen. Als Sonderfall der Regel »diatonisch von oben und chromatisch von unten« gilt: Wann immer sich zwei Töne von oben annähern und der Abstand eines Zieltons zu seiner oberen diatonischen Nebennote ein Ganzton ist, so wird der abwärts gerichtete Approach durch zwei chromatische Schritte bevorzugt, da dieser zugkräftiger wirkt als der durch zwei diatonische Schritte.

Typische Approaches mit drei und vier Tönen zeigen die Notenbeispiele 65 und 66.

NB. 65: Three Note Approaches

NB. 66: Four Note Approaches

Figurationen, bei denen sich mehr als zwei verschiedene Töne aus derselben Richtung einem Zielton annähern, sind selten. Um zu größeren Figurationen zu gelangen, besteht jedoch die Möglichkeit, Approaches miteinander zu kombinieren, und zwar indem man Approach Notes ihrerseits figuriert. Dank dieser Kombinierbarkeit von Approaches lassen sich leicht komplexere Figurationen zu bilden. Dies soll anhand der Notenbeispiele 67 und 68 veranschaulicht werden.

NB. 67: Beispiel für einen fünftönigen kombinierten Approach

lässt sich auffassen als eine Kombination von

NB. 68: Beispiel für einen siebentönigen kombinierten Approach

lässt sich auffassen als eine Kombination von

Als Übung bearbeite man die in Notenbeispiel 69 dargestellte Melodie mittels der Verwendung von Approaches, sodass sich der melodische Rhythmus im Vergleich zur Vorlage stark verdichtet, wobei der Ursprung erkennbar bleiben sollte. Ein entsprechender Lösungsvorschlag befindet sich im Anhang.

NB. 69:

Üb. 48: Verdichtung des melodischen Rhythmus durch Figuration (Melodic Approaches)

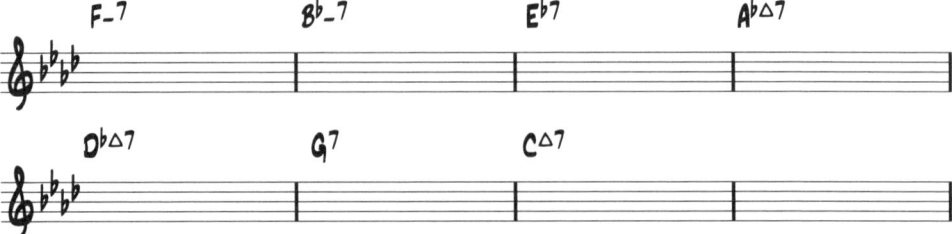

4.3 Harmonischer Rhythmus

Die Gestaltung des harmonischen Rhythmus ist für den dynamischen Verlauf eines Arrangements von großer Bedeutung. So kann eine Verdichtung auf dieser Ebene einen wichtigen Beitrag zur Bildung von Höhepunkten leisten, eine Verringerung hingegen einen Spannungsabbau unterstützen. Daher soll gezeigt werden, wie der harmonische Rhythmus praktisch gestaltet werden kann. Grundsätzlich lassen sich alle unter 3.1 erörterten additiven und reduktiven Reharmonisationen dazu verwenden. Im Folgenden aber soll exemplarisch für zwei besonders gängige Situationen konkret vorgeführt werden, wie bei gleich bleibender harmonischer Grundstruktur die Zahl der verwendeten Akkorde vergrößert oder verkleinert werden kann. Dabei wird bewusst außer Acht gelassen, dass harmonische Veränderungen Konflikte mit der Melodie erzeugen können. In der Praxis gibt es hierfür zwei Lösungen: Die erste besteht in der Veränderung der Melodie. Dabei ist besonders darauf zu achten, dass dies musikalisch sinnvoll geschieht. Eine starke Verfremdung kann leicht unpassend wirken. Andererseits kann gerade im späteren Verlauf eines Arrangements eine angemessene Veränderung auch erfrischend sein. Die zweite Lösung besteht darin, von der geplanten Harmonisierung Abstand zu nehmen und eine andere Variante zu finden.

4.3.1 Kadenzgestaltung

Kadenzen finden sich in vielen musikalischen Stilistiken. Ein besonders häufig verwendetes Muster ist die II-V-I-Verbindung. Im Folgenden sollen die Möglichkeiten der Gestaltung des harmonischen Rhythmus am Beispiel einer solchen Kadenz in der Tonart C-Dur aufgezeigt werden.

Um die Entstehung der folgenden Varianten verstehen zu können, mache man sich zunächst anhand von Notenbeispiel 70 klar, dass die Akkorde D–7 und G7/9sus4 bis auf den Basston identisch sind.

NB. 70: Verwandtschaft zwischen D–7 und G7/9sus4

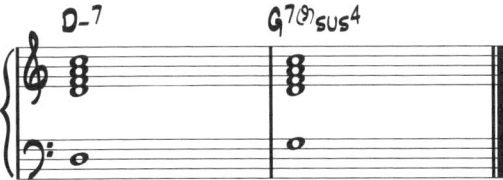

G7sus4 ist der Quartvorhaltsakkord zu G7 (»sus« steht für suspension (engl.) = Vorhalt). Da aber – wie oben gesehen – zwischen D–7 und G7sus4 kein wesentlicher Unterschied besteht, können sich beide Akkorde gegenseitig ersetzen. Daher wird D–7 ebenfalls als Quartvorhaltsakkord zu G7 bezeichnet.

Daraus folgt, dass sich statt der Ausgangskadenz

|D–7 |G7 |CΔ7 |

alternativ auch die Kadenz

|G7sus |G7 |CΔ7 |

verwenden lässt. Nun stell sich die Frage, wie sich dadurch der harmonische Rhythmus verändert hat. Die Akkordfortschreitung G7sus nach G7 besteht nur in der Auflösung eines Vorhalts. Es handelt sich also weder um eine vollwertige Akkordfortschreitung noch um eine wirklich gleich bleibende Harmonie. Dieser »Zwischenwert« ist sehr nützlich und kann bewusst eingesetzt werden.

Des Weiteren mache man sich klar, dass der Quartvorhalt nur harmonische Figuration ist und damit keine essenzielle Funktion hat. Daraus folgt, dass sich alternativ zu unserer Ausgangskadenz auch folgende Fortschreitung verwenden lässt:

|G7 | |CΔ7 |

Diese weist nun wirklich einen halbierten harmonischen Rhythmus auf.

Durch eine wiederholte Verwendung des Quartvorhalts hingegen erhält man folgende Progression:

|G7sus G7 |G7sus G7 |CΔ7 |

Aus der oben beschriebenen Austauschbarkeit von D–7 und G7sus4 ergibt sich jetzt die Wendung:

|D–7 G7 |D–7 G7 |CΔ7 |

Diese weist zweimal dieselbe Progression auf, was nur bedingt den Eindruck eines verdoppelten harmonischen Rhythmus vermittelt. Es handelt sich um einen weiteren Zwischenwert. Durch Tritonussubstitution bei der Wiederholung erhält man wirklich neue Akkorde, wie im Folgenden zu sehen ist.

|D–7 G7 |Ab–7 Db7 |CΔ7 |

Diese Progression weist nun tatsächlich einen verdoppelten harmonischen Rhythmus auf. Ist dieser zu aktiv, so lässt er sich in folgender Form abmildern:

|G7sus G7 |Db7sus Db7 |CΔ7 |

Bei II-V-I-Verbindungen in Moll ergeben sich die gleichen Möglichkeiten. Um dies zu erkennen, mache man sich anhand von Notenbeispiel 71 klar, dass die Akkorde Bø7 und E7/b9sus4 bis auf den Basston identisch sind.

NB. 71: Verwandtschaft zwischen Bø7 und E7/b9sus4

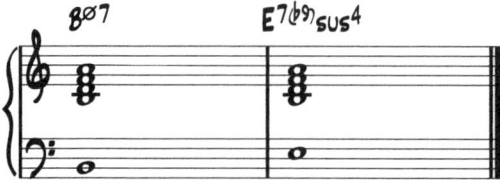

E7sus4(b9) ist der Quartvorhaltsakkord zu E7. Da aber – wie oben gesehen – zwischen Bø7 und E7sus4(b9) kein wesentlicher Unterschied besteht, können sich beide Akkorde gegenseitig ersetzen. Daher wird der Bø7 ebenfalls als Quartvorhaltsakkord zu E7 bezeichnet.

Mittels der gleichen Schlussweisen wie oben in Dur folgt, dass sich statt der Ausgangskadenz

|Bø7 |E7 |A– |

auch die folgenden Kadenzen mit ihrem unterschiedlichen harmonischen Rhythmus verwenden lassen:

E7sus	E7	A–
E7		A–
E7sus E7	E7sus E7	A–
Bø7 E7	Bø7 E7	A–
Bø7 E7	F–7 Bb7	A–
E7sus E7	Bb7sus Bb7	A–

Die Auflistung der verschiedenen Varianten beansprucht keineswegs Vollständigkeit. Es geht lediglich darum, die Gestaltungsmöglichkeiten aufzuzeigen, mittels derer sich leicht weitere Varianten bilden lassen.

Als Übung reharmonisiere man die in Notenbeispiel 72 dargestellte Akkordfolge. Dazu spiele man zunächst alle oben aufgezeigten Möglichkeiten durch. Danach betrachte man die vorgegebene Akkordfolge noch einmal in ihrer ursprünglichen Form. Der harmonische Rhythmus ist relativ langsam, wenngleich sehr ausgewogen gestaltet. Man mache sich klar, an welcher sorgsam ausgewählten Stelle er beschleunigt. Anschließend schreibe man eine neue Version, die harmonisch aktiver, aber dabei ebenso schlüssig gestaltet ist. Ein entsprechender Lösungsvorschlag befindet sich im Anhang.

NB. 72:

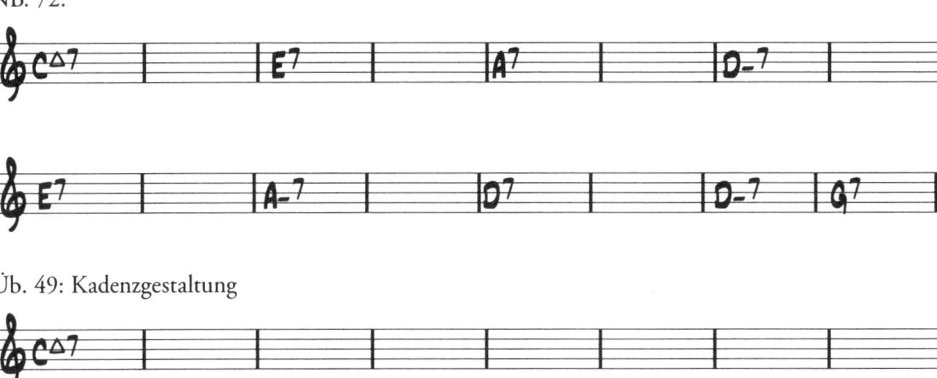

Üb. 49: Kadenzgestaltung

4.3.2 Harmonic Approaches

Auch bei anderen Akkordfolgen lässt sich der harmonische Rhythmus dezidiert den musikalischen Bedingungen anpassen. Man mache sich klar, dass sich jedem Akkord eine oder mehrere Harmonien vorschalten lassen, die zu diesem hinführen. Dies wird als Harmonic Approach bezeichnet. Als solche hinführenden Klänge kommen natürlich vor allem Zwischendominanten, deren Tritonussubstitute, entsprechende verminderte Akkorde sowie Leitklänge[17] in Frage. Der Einschub solcher Akkorde beschleunigt den harmonischen Rhythmus. Manchmal ist es aber auch möglich, an Stellen, an denen derartige Klänge verwendet werden, diese herauszunehmen, um den Fluss zu verlangsamen. Um mehrere Zwischenklänge einzufügen, bieten sich vor allem zwei Herangehensweisen an. Die erste besteht darin, eine kadenzartige Akkordfortschreitung einzufügen.

So kann man anstatt der Fortschreitung

|CΔ7 | |A–7 |

auch folgende beiden Verbindungen verwenden:

|CΔ7 |E7 |A–7 |
|CΔ7 | Bø7 E7 |A–7 |

Mit dem Wissen des vorangegangenen Abschnitts lassen sich sofort weiter Varianten bilden. Die zweite Herangehensweise besteht darin, die Distanz zwischen den Akkorden schrittweise zu durchlaufen.

So kann man anstatt der Fortschreitung

|CΔ7 | |E–7 |

auch folgende beiden Verbindungen verwenden:

|CΔ7 |D–7 |E–7 |
|CΔ7   C#°7 |D–7   D#°7 |E–7 |

Als Übung reharmonisiere man die in Notenbeispiel 73 dargestellte Akkordfolge. Dazu spiele man zunächst alle oben dargestellten Möglichkeiten durch. Danach betrachte man die vorgegebene Akkordfolge noch einmal in ihrer ursprünglichen Form. Der harmonische Rhythmus ist sehr ausgewogen gestaltet. Anschließend schreibe man eine neue Version, die harmonisch aktiver, aber dabei ebenso schlüssig gestaltet ist.

---

17   Als Leitklänge werden solche Akkorde bezeichnet, die sich durch halbtönige parallele Rückung in allen Stimmen in einen Zielklang auflösen.

NB. 73:

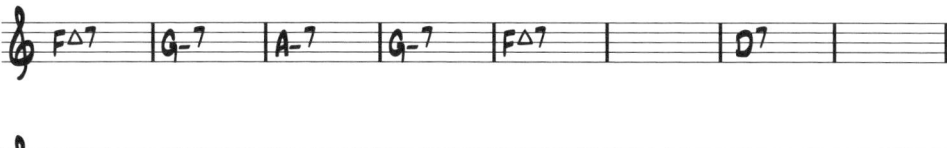

Üb. 50: Verwendung von Harmonic Approaches

5 Form

5.1 Spannungsverlauf

Der Spannungsverlauf eines Arrangements wirkt unmittelbar auf den Zuhörer. Er bildet den musikalischen Vordergrund. Daher lohnt es sich, diese Ebene sehr sorgfältig zu planen. Im Folgenden werden einige Leitlinien dazu erörtert.

Um den Spannungsverlauf des Arrangements zu entwerfen, sollte man sich zunächst den der musikalischen Vorlage klar machen. Wie sieht der formale Ablauf aus? Handelt es sich um eine Songstruktur mit Strophe, Refrain und eventuell Bridge, um eine AABA-, ABAC-Form oder ist das Stück ganz anders angelegt? Wie hoch ist das Energieniveau der einzelnen Formteile? Wo liegen ihre Höhepunkte? Wie ist ihr Ende (weiterführend oder abschließend)?

Nachdem man sich so einen Überblick verschafft hat, kann man als nächstes den groben Ablauf des Arrangements entwerfen. Wie lang soll es werden? Wie viele Chorusse benötigt man? Sollen Soli vorkommen? Wenn ja, wie viele und welche Instrumente eignen sich? Wo im Arrangement sollen die Soli stehen (üblich ist der Verlauf Thema – Solo – Thema)?

Wenn man sich über den ungefähren Ablauf klar geworden ist, lohnt es sich, eine Skizze anzufertigen. Diese sollte neben einer Zeitachse die Bezeichnungen der verschiedenen Formteile enthalten. Zu empfehlen ist, sich für die Aufzeichnung viel Platz auf dem Papier zu nehmen und mit Bleistift zu schreiben. Während der gesamten Arbeit am Arrangement können alle Entwicklungen und Veränderungen dann auch in der Skizze dokumentiert werden. Dies hilft, bei den Arbeiten im Detail deren Bedeutung fürs Ganze im Blick zu behalten.

In einem nächsten Schritt wird mit Hilfe dieser Skizze der Spannungsverlauf detaillierter geplant. Viele Arrangements verfolgen das Konzept einer allmählichen Steigerung im Großen und eines Wechsels zwischen Spannungsauf- und -abbau im Kleinen. Um dies zu realisieren, sollte man sich zunächst darüber klar werden, an welcher Stelle sich der absolute Höhepunkt befinden soll. Dieser liegt in der Regel im hinteren Teil des Arrangements. Danach ist zu überlegen, wie man mit mehreren Binnenhöhepunkten Schritt für Schritt auf den absoluten Höhepunkt zusteuern kann. Diese Überlegungen sollten sich auch auf die Frage erstrecken, welche Mittel dazu verwendet werden sollen. So können sowohl Instrumentierung und Satztechnik als auch harmonischer und melodischer Rhythmus (s. 4.3 und 4.2) hierzu einen Beitrag leisten. Den absoluten Höhepunkt bildet meist ein Tutti (z. B. Shout Chorus, s. 5.2.4), manchmal aber auch ein schneller Wechsel zwischen verschiedenen Sektionen.

Ein niedriges Energieniveau findet man häufig eher am Anfang. Um viel Raum für Steigerung zu lassen, beginnen Arrangements daher nicht selten mit dem einstimmigen

Vortrag des Themas bzw. einer Sektion im Unisono. Letzteres ist bereits recht druckvoll. Eine erste kleine Steigerung kann sich dann beispielsweise durch den Übergang ins Oktavunisono ergeben.

Um ein Arrangement abwechslungsreich zu gestalten, setzt man natürlich verschiedene musikalische Gestaltungsweisen ein. Dabei kann man sich am formalen Ablauf der musikalischen Vorlage orientieren. So ist es durchaus sinnvoll, z. B. bei einer AABA-Form im ersten A-Teil das Thema einstimmig zu präsentieren, im zweiten A-Teil etwa auf Oktavunisono plus sparsame Backings zu wechseln, im B-Teil möglicherweise die vortragenden Instrumente zu ändern und eventuell die Melodie mehrstimmig auszusetzen usw. Allerdings ist zu vermeiden, dass durch den gleichzeitigen Wechsel von Formteil und Gestaltungsweise das Klangbild statisch und eckig wirkt. Dies lässt sich dadurch verhindern, dass man »auftaktig« schreibt. Damit ist gemeint, dass jeder Wechsel der Gestaltungsweise kurz vor dem neuen Formteil stattfindet. Damit fallen neuer Formteil und neue Gestaltungsweise zeitlich nicht mehr zusammen. Außerdem nimmt die Musik vorweg, was im folgenden Teil passiert. Dies wirkt energetisch und vorwärtstreibend.

Wie eine Skizze des formalen Ablaufs aussehen kann, zeigt die folgende Abbildung 1.[18]

Abb. 1: Skizze eines Spannungsverlaufs

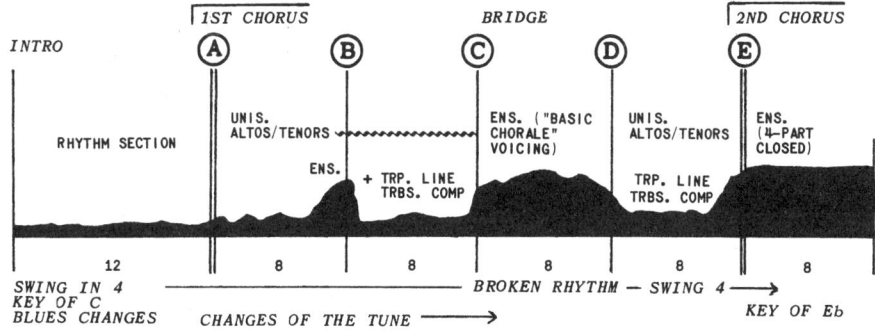

---

18   Es handelt sich dabei um die Skizze des Spannungsverlaufs des Bigbandarrangements von »Basie Straight Ahead« von Sammy Nestico (s. Whrite 1982, 8).

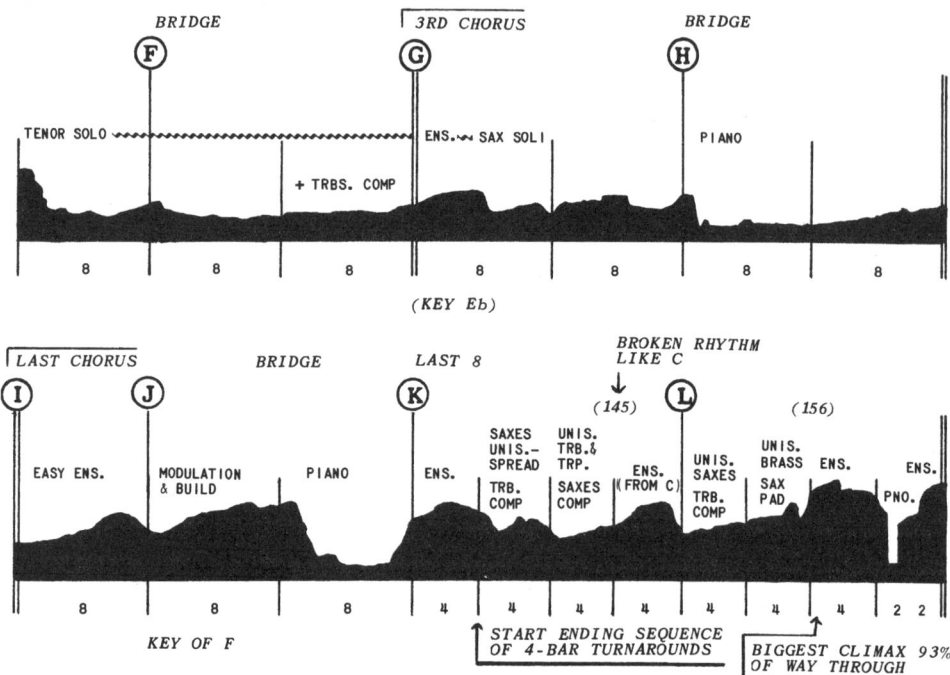

Um sich in der Gestaltung des Spannungsverlaufs beim Arrangieren zu üben, lohnt es sich, Ablauftranskriptionen von verschiedenen Arrangements anzufertigen. Zu diesem Zweck können Skizzen analog zu der in Abbildung 1 dargestellten Form ausgearbeitet werden.

5.2 Spezielle Formteile

5.2.1 Intro

Die Einleitung – auch als Intro bezeichnet – ist gewissermaßen der Wegbereiter für das eigentliche Stück. Deshalb kommt es häufig vor, dass musikalisches Material, das im späteren Verlauf des Arrangements vorkommt, bereits im Intro angedeutet wird. Dabei ist es sinnvoll, dieses Material verkürzt oder variiert zu verwenden. In seiner eigentlichen Form sollte es erst später erscheinen, damit es dann noch neu und frisch wirkt.

Praktisch lässt sich ein Intro folgendermaßen entwickeln: Zunächst untersucht man die musikalische Vorlage auf ein Element hin, das für die Einleitung geeignet erscheint. Dies kann ein Ausschnitt einer melodischen Themenphrase, eine bestimmte harmonische Wendung, aber auch eine charakteristische Rhythmik des Stücks sein. Mitunter eignen sich solche Elemente besser, die später im eigentlichen Thema nicht allzu häufig vorkommen. Im nächsten Schritt ist zu überlegen, wie das ausgewählte Element so verändert werden kann, dass es sich von seinem Ursprung hinreichend unterscheidet, aber damit noch verwandt klingt. Beispielsweise lässt sich melodisches Material fragmentieren, eine harmonische Wendung über einen Pedalton legen oder aus einem rhythmischen Element eine polymetrische Verschiebung bilden. Es ist eine Gratwanderung, klangliche Verwandtschaft ohne Redundanz zu erzeugen. Dabei kann man sich an folgender Leitlinie orientieren: Je häufiger ein Element später im Thema vorkommt, desto stärker sollte es im Intro verändert sein.

Es ist allerdings auch möglich, dass ein Intro nicht aus Elementen des folgenden Stücks besteht. Manchmal ist es günstig, fremdes Material zu verwenden, das nur durch Stimmung und Atmosphäre einen passenden Auftakt zum Folgenden bildet.

Sehr wirkungsvoll sind Intros, die den Hörer mit besonderem Schwung zum eigentlichen Stück hinführen. Dies lässt sich erreichen, indem eine kleine Spannung aufgebaut wird, die deutlich auf den Beginn des Themas zusteuert. Dabei kann es ein guter Effekt sein, wenn die Länge des Spannungsaufbaus absehbar ist. So wird ein Ereignis – sprich das Thema – vorbereitet, das dann zum erwarteten Zeitpunkt eintritt.

Intros können weniger Aktivität aufweisen als das nachfolgende Thema. Dann ergibt sich das Gesamtbild einer länger angelegten Steigerung. Manchmal sind sie aber auch aktiver. Dabei können sie einen Ausblick geben auf das, was das Werk im Folgenden noch bereithält. Die Aktivität liegt jedoch in aller Regel unterhalb derjenigen des eigentlichen Höhepunkts.

Intros sollten eine angemessene Länge haben. Da sie nur ein Beiwerk zum eigentlichen Stück bilden, sind sie zumeist wesentlich kürzer als das Thema. Sie werden im späteren Verlauf eines Arrangements mitunter gerne wieder aufgegriffen, dann in Gestalt eines Interludes.

Als Übung höre man sich Anfänge verschiedener Arrangements an und untersuche genau, welcher Zusammenhang jeweils zwischen Intro und Thema besteht. Danach betrachte man bekannte Stücke und suche einen Anknüpfungspunkt bzw. eine Idee für die Gestaltung eines Intros.

5.2.2 Ending

Der auch als »Ending« bezeichnete Schluss eines Arrangements verdient besondere Beachtung, da er für den letzten Höreindruck verantwortlich ist. Es kommt deshalb sehr häufig vor, dass Arrangeure diesen Moment nutzen, um noch einen besonderen Akzent zu setzen. Dabei kann die Motivation sehr unterschiedlich sein. Exemplarisch sollen einige Möglichkeiten aufgezählt werden:

<u>Konklusion:</u> Das zuvor musikalisch Gesagte wird in Form einer Konklusion zusammengefasst. Zum Beispiel endete eine öffnende Phrase des Themas im Ending schließend. Gleiches ist mit einer öffnenden harmonischen Wendung möglich. Auch können

zwei Elemente aus dem Thema wie These und Antithese im Ending zu einer Synthese zusammengeführt werden.

Verdichtung: Musikalisches Material aus dem Arrangement wird auf engem Raum zusammengedrängt. So kann zum Beispiel eine Phrase in kürzer werdenden Abständen (und eventuell mehrfach transponiert) wiederholt werden. Um die Abstände zu verkürzen, können dazwischen liegende Pausen verkleinert oder auch die Phrasen selbst fragmentiert werden. Des Weiteren lassen sich verschiedene Elemente aus unterschiedlichen Teilen des Themas auf engem Raum zusammenführen. Die Verdichtung führt zumeist zu einem abschließenden Höhepunkt. Dessen Energieniveau kann durchaus geringer sein als bei der Klimax des gesamten Arrangements.

Ausklang: Arrangements, bei denen ein abschließender Höhepunkt nicht angebracht erscheint, klingen häufig aus. Dies ist zum Beispiel der Fall, wenn die Grundstimmung eher melancholisch ist oder bereits genügend Höhepunkte vorhanden sind. Um den Effekt eines Ausklangs zu erzeugen, ist es entscheidend, dass das Energieniveau unterhalb des vorangegangenen Formteils liegt. Dabei muss nicht zwangsläufig auf thematisches Material Bezug genommen werden. Je mehr dies jedoch der Fall ist, desto stärker wird der Eindruck eines *Nach*klangs erreicht.

Überraschungseffekt: Besondere Aufmerksamkeit lässt sich erzeugen, wenn etwas Unerwartetes passiert. Damit das Unerwartete allerdings nicht unsinnig klingt, sollte eine überraschende Wendung trotzdem logisch aus dem Vorangegangenen hervorgehen. Dies erreicht man vor allem dadurch, dass man musikalische Elemente umdeutet. Harmonische Umdeutungen wurden bereits unter 3.2.1 (Pivot-Modulation) besprochen, rhythmische Umdeutungen unter 4.1.2 (rhythmische Modulation). Die dort beschriebenen Möglichkeiten stehen für die Erzielung eines finalen Überraschungseffektes zur Verfügung. Des Weiteren kann aber z.B. auch eine Melodiephrase des Themas mit einem unerwarteten Akkord hinterlegt werden u. Ä.

Rahmenbildung: Manche Schlüsse nehmen Bezug auf den Anfang. Zuweilen ähneln sich Intro und Ending und bilden so einen Rahmen für das dazwischen liegende Stück. Dies kann für ein in sich geschlossenes Gesamtbild eines Arrangements förderlich sein.

Standardwendungen: Nicht selten werden bei einem Schluss Standardwendungen verarbeitet (man denke etwa an das oft zitierte Ende von Duke Ellingtons »Take The A-Trane« oder an das eines typischen Cha Cha Cha). Dies geschieht einerseits als Tribut an die Tradition. Zudem schmeichelt es mitunter dem musikbeflissenen Hörer, wenn er vertrautes Material wiedererkennt. Andererseits aber erzielen solche Standardwendungen eine besonders starke Schlusswirkung.

Offener Schluss: Es gibt auch Endings, die einen weniger definitiven Abschluss bilden. Sie sollen über das Stück hinausweisen und die erzeugte Stimmung über das Ende hinaus erhalten. Dies bietet sich manchmal bei einem Vocalarrangement an, etwa wenn die erzählte Geschichte offen bleibt. Typische harmonische Wendungen sind das Ende auf der Dominante oder dem Neapolitaner (bII∆7), also vor allem nicht auf der Tonika.

Offene Schlüsse lösen oft keinen spontan aufbrandenden Applaus aus, hinterlassen dafür aber manchmal einen besonders tiefen Eindruck.

Fade Out: Arrangements, die auf einen Tonträger aufgenommen werden, können auch mit einem Fade Out schließen. Dabei ist es günstig, als Ending einen Vamp[19] zu verwenden. Durch dessen Gleichförmigkeit wird vermieden, dass der Hörer den Eindruck bekommt, er würde noch während des musikalischen Entwicklungsprozesses aus dem Geschehen ausgeblendet. Auch bei einer Live-Performance kann ein Fade Out zum Einsatz kommen. Dann ist der Effekt aber zumeist ein anderer, da ein Decrescendo bei akustischen Instrumenten neben der Lautstärke auch das musikalische Energieniveau senkt.

Die Kenntnis vieler verschiedener Schlüsse diverser Kompositionen und Arrangements ist hilfreich. Man gewinnt so einen Eindruck von der Fülle an Möglichkeiten, ein Werk adäquat zu beschließen. Mitunter wird man aber auch feststellen, dass eine Schlusswirkung manchmal nicht allein aus der abschießenden Wendung resultiert. Viele Arrangements sind so gestaltet, dass man als Hörer recht klar ausmachen kann, wo im Ablauf man sich befindet. Umfassende Verarbeitung des thematischen Materials und formale Geschlossenheit erzeugen häufig den Eindruck, dass das Ende bald erreicht ist.

Als Übung höre man sich den Schluss verschiedener Arrangements an und untersuche genau, welche Wirkung dabei erzielt wird und welche Mittel dafür zum Einsatz kommen.

5.2.3 Supersax

Die Saxophonsektion wird bei vielen Arrangements (insbesondere im Bigbandkontext) in einem speziellen Formteil besonders hervorgehoben. Dieser wird auch als »Supersax« bezeichnet. Der Name stammt von einer gleichnamigen Band, die Themen und Soli von Charlie Parker im mehrstimmigen Satz spielte.[20]

Um einen Supersax-Abschnitt zu schreiben, benötigt man zunächst melodisches Material als Ausgangspunkt. Dieses kann aus dem Thema abgeleitet werden. Unter 1.4 wurde bereits erörtert, wie man ein Thema für Saxophone bearbeitet. Es lohnt sich, diesen Abschnitt an dieser Stelle noch einmal zu rekapitulieren. Für einen Supersax-Abschnitt sind die dort gezeigten Veränderungen allerdings noch zu gering. Dieser Form-

---

19 Als Vamp bezeichnet man einen offenen – sprich in seiner Länge nicht festgelegten – Formteil. Er besteht oft aus einem oder zwei Akkorden, die wiederholt werden.

20 Die Band »Supersax« wurde 1972 gegründet. Das Repertoire bestand aus der Musik Charlie Parkers. Die Saxophonisten spielten dabei Parkers Themen und Soli »notengetreu« (allerdings in harmonischen Sätzen), eigene Soli spielten sie nicht. 1974 wurde Supersax für die erste Platte mit einem Grammy (Best Jazz Performance by a Group) ausgezeichnet.

teil kommt zumeist später im Arrangement vor, wenn das Thema bereits hinreichend präsentiert wurde. Daher darf und sollte sich das melodische Material weiter vom Thema entfernen. Der so entstehende Spielraum kann dazu dienen, die technischen Möglichkeiten der Saxophone auszunutzen. Saxophone sind sehr flexibel und klingen vor allem bei schnellen und fließenden Linien überzeugend.

Es ist auch möglich, eine Supersax-Melodie ohne direkten Bezug zum Thema zu schreiben. Ob und inwieweit man an das Thema anknüpft, sollte bewusst mit Blick auf den musikalischen Kontext entschieden werden. Zu oft zu nahe am Thema zu bleiben erzeugt Redundanz, zu wenig thematischer Bezug wirkt hingegen fahrig und beliebig.

Unabhängig davon, wie weit man sich vom Thema entfernen möchte, sollte eine Supersax-Melodie immer eine saxophontypische Gestalt haben. Dazu wird häufig Bebop-Melodik verwendet. Aus diesem Grund ist es lohnenswert, sich mit dieser Stilistik vertraut zu machen. Das Anhören z. B. von Aufnahmen Charlie Parkers sowie das Studieren des Omnibooks[21] sind sehr zu empfehlen. Zusätzlich sollte man zum Schreiben einer Supersax-Linie mit jeglicher Form von Melodic Approach vertraut sein. Die in Abschnitt 4.2.2 dargestellten Figurationstechniken können vielfältig verwendet werden

Hat man die Melodie eines Supersax-Abschnitts entwickelt, so besteht der nächste Schritt darin, diese fünfstimmig auszusetzen (s. 2.2.4). Dazu eignen sich vor allem die beiden Satztechniken Shearing (s. 2.2.4.1) oder Drop 2 Double Lead (s. 2.2.4.2). Der Shearing-Satz klingt wegen seiner engeren Lage etwas kompakter und »bissiger«. Drop 2 Double Lead hingegen wirkt etwas offener und weicher. Eventuell können auch beide Techniken verwendet werden. Allerdings sollte der Satz in sich durchgehend homogen klingen. Daher ist es günstig, wenn ein Technikwechsel melodisch und in Bezug auf die Stimmführung sinnvoll eingebunden ist.

Bei Bigbandarrangements werden die Saxophone häufig durch Einwürfe des Blechs unterstützt. Wann und wie diese Backings fallen, sollte man bereits beim Schreiben der Supersax-Melodie im Blick haben und dafür entsprechende Pausen einbauen. Die Backings des Blechs sind zumeist eher kurz und knackig. Sie können sich satztechnisch von den Saxophonen unterscheiden. Chorale Voicings (s. 2.5.5.2) sind durchaus probat. Die Backings sind oft in Form einer Steigerung angelegt, wobei die Saxophone zunächst allein bleiben und erst später zunehmend vom Blech durch Einwürfe unterstützt werden.

Als Übung entwickle man aus der in Notenbeispiel 74 dargestellten Melodie eine Supersax-Line. Dabei plane man entsprechende Backings gleich mit ein. Da verschiedene Satztechniken bereits unter 2.2.4 und 2.2.5 geübt wurden, genügt es, die Supersax-Line zu notieren und die Backings in Form von rhythmischer Strichnotation im oder über dem System anzudeuten. Ein entsprechender Lösungsvorschlag befindet sich im Anhang.

---

21   In diesem Buch sind die meisten Themen und Soli von Charlie Parker zusammengestellt.

NB. 74:

Üb. 51: Erstellen einer Supersax-Melodie mit Backings

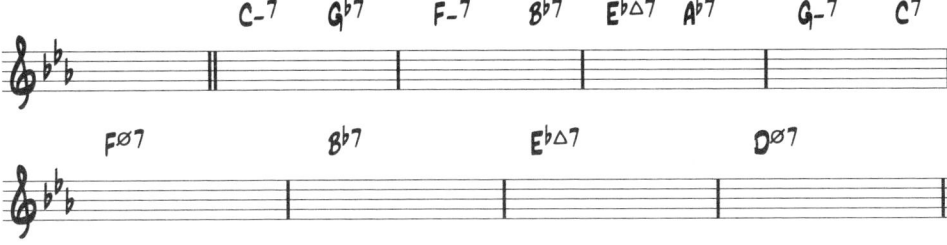

5.2.4 Shout Chorus

Der Höhepunkt vieler Bigbandarrangements ist der Shout Chorus. Dabei spielt die gesamte Band im Tutti, wobei die Pausen mit soloartigen Schlagzeug-Fills aufgefüllt werden. Die dem Tuttisatz zugrunde liegende Melodie in der Oberstimme ist häufig – aber nicht zwangsläufig – mit dem Thema verwandt. Wenn man einen Shout Chorus schreiben möchte, ist wie bei einem Supersax-Abschnitt genau zu überlegen, wie nahe man am Thema bleibt. Ein solcher Formteil befindet sich zumeist später im Arrangement, wenn das Thema bereits hinreichend präsentiert wurde. Daher ist es oft ratsam, etwas weiter von der ursprünglichen Version abzuweichen. Dies ermöglicht es, die Melodie so anzulegen, dass sie erstens rhythmisch prägnant ist und zweitens genügend Pausen vorkommen, in denen der Schlagzeuger – der sonst bei Bigbandarrangements oft kein richtiges Solo hat – ausgiebig in Erscheinung treten kann. Der Bass spielt in einem Shout Chorus während der Schlagzeug-Fills zumeist als einziges Instrument unverändert weiter, um den fortlaufenden Fluss der Musik zu gewährleisten.

Als Satztechnik für einen Shout Chorus kommen sowohl Thickend Line (s. 2.2.5.1) als auch Chorale Voicings (s. 2.2.5.2) sowie die unter 2.2.5.3 beschriebene Mischform vor. Die Wahl der Satztechnik sollte sich am melodischen Material orientieren. Ist dieses – wie sehr häufig – eher rhythmisch prägnant, so eignen sich Chorale Voicings gut. Besteht die Melodie jedoch aus mehr Tönen und ist sie fließender angelegt, so eignet sich auch ein Thickend-Line-Satz. Die unter 2.2.5.3 beschriebene Mischform passt dementsprechend zu einer Melodik, die zwischen diesen beiden Ausprägungen liegt.

Als Übung entwickle man aus der in Notenbeispiel 75 dargestellten Melodie einen Shout Chorus. Dabei plane man entsprechende Drum Fills gleich mit ein. Da die verschiedenen Satztechniken bereits unter 2.2.5 geübt wurden, genügt es, die Oberstimme zu notieren und die Schlagzeugeinwürfe durch den Zusatz »Drum Fill« unter dem System anzudeuten. Ein entsprechender Lösungsvorschlag befindet sich im Anhang.

NB. 75:

Üb. 52: Erstellen einer Shout-Chorus-Melodie mit Drum Fills

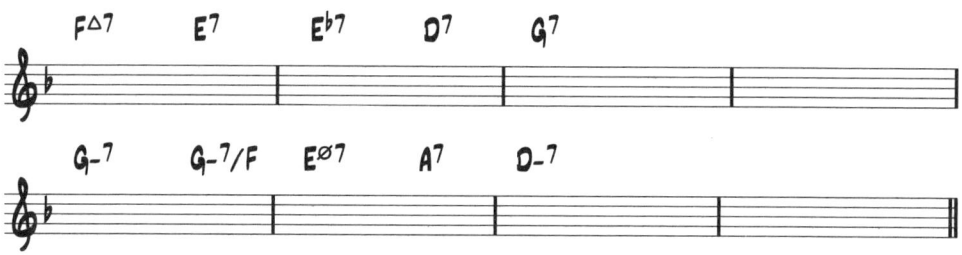

5.2.5 Soli

Instrumentalsoli werden sowohl in Vokal- als auch in Instrumentalarrangements gerne verwendet. Sie bringen Abwechslung in das Gesamtbild. Bei Instrumentalarrangements wird ein Solo bevorzugt dem Instrument überlassen, das im Thema eine wichtige Rolle spielt. Dadurch bekommt dieses Instrument ein Feature. Dies ist jedoch keine feste Regel. Üblich hingegen ist die Platzierung von Soli zwischen Anfangs- und Schlussthema.

Soli werden in einem Arrangement häufig durch Backings begleitet. Bei der Konzeption solcher Backings ist darauf zu achten, dass diese nicht zu aktiv sind, da sonst der Solist nicht mehr genügend im Vordergrund stünde. Günstig sind z. B. Guide Tone Lines. Sie stören nicht und unterstreichen die Harmonik. Aber auch Backings, die aus kurzen Einwürfen und kleineren liegenden Flächen bestehen, eigenen sich gut. In jedem Fall ist darauf zu achten, dass genügend Pausen vorhanden sind, in denen sich der Solist wirklich entfalten kann. Je nach Gestalt der Oberstimme eines Backings eignen sich für dessen mehrstimmiges Aussetzen Chorale Voicings, Thickend Line Voicings oder die unter 2.2.5.3 dargestellte Mischform.

Häufig kommen Backings erst in einem späteren Teil eines Solos hinzu. So findet man in Arrangements oft Backings, die für den jeweils letzten Solochorus angelegt sind und erst auf Zeichen des Solisten oder des Bandleaders einsetzen. In aller Regel sollten die Backings nach dem Prinzip der Steigerung konzipiert werden. Zum Ende des Solos hin können sich die Pausen verkürzen und die Aktivität kann sich steigern. Wenn es dabei ganz am Schluss zwischen Solist und Backings ein wenig durcheinander geht, ist dies akzeptabel. Dieser Moment sollte allerdings kurz sein.

Es ist günstig, wenn Anfang und Ende eines Solos nicht direkt mit dem Wechsel eines Formteils zusammenfallen. Dies wirkt manchmal statisch. Für einen dynamischen Übergang in ein Solo wird dem Solisten häufig ein Soloauftakt (»Solo Pick Up«) eingeräumt. Dieser kann dadurch hervorgehoben werden, dass die Band vorher einen »Stopp« spielt und zum Beginn des neuen Formteils wieder einsetzt. Das Soloende lässt sich dadurch dynamisch gestalten, dass sich die Solobackings zum Schluss hin verdichten und sich in diesem Zuge schon in die Richtung des nächsten Formteils entwickeln. Dabei bildet die letzte Backingfigur oft gleichzeitig den Auftakt für den anschließenden Formteil.

Als Übung höre man sich Soloteile verschiedener Arrangements an und untersuche genau, wie die Backings zum Spannungsverlauf des Solos beitragen und ob ein Zusammenhang mit dem Thema besteht.

6 Instrumentierung

Die verschiedenen Instrumentengruppen erfüllen in einem Ensemble unterschiedliche Funktionen. Vor allem aber bieten sie verschiedene Klangfarben, mittels derer ein Arrangement gestaltet werden kann. Gerade dem noch weniger geübten Arrangeur sei empfohlen, diese Farben zunächst tendenziell voneinander getrennt zu verwenden. Saxophone, Trompeten, Posaunen, der Blechsatz (Trompeten mit Posaunen), Streicher etc. sollten als jeweils eigenständiges Klangbild zielsicher eingesetzt werden können. Dieser getrennte Einsatz ist im Übrigen innerhalb sehr vieler Genres die Regel. Natürlich stehen auch alle erdenklichen Mischsätze zur Verfügung. Diese findet man vor allem in modernen Arrangements. Um mit Mischsätzen zu überzeugenden Klangresultaten zu kommen, benötigt man zumeist einige Erfahrung. Mischsätze werden später in einem eigenen Abschnitt erörtert (s. 6.5).

Im Hinblick auf einen guten Gesamtklang eines Arrangements ist es sinnvoll, den jeweiligen Instrumenten mit ihren spezifischen Eigenschaften und auch Schwierigkeiten möglichst weit entgegenzukommen. Den Spielern wird es dadurch ermöglicht, sich weniger um technische als um musikalische Belange zu kümmern. Auch professionelle Musiker, die sich zumeist intensiv damit beschäftigt haben, Schwierigkeiten zu kompensieren und auch in Grenzbereichen des Instruments solide zu agieren, sollten daher nicht mehr als unbedingt nötig gefordert werden.

6.1 Rhythmusgruppe

Die Rhythmusgruppe bildet im Bereich Jazz/Rock/Pop häufig die harmonische und rhythmische Basis. Die gängigsten Instrumente innerhalb dieser Sektion sind Klavier, Gitarre, Bass und Schlagzeug, aber auch andere Tasten-, Saiten- und Percussion-Instrumente können beteiligt sein. Je nach Stilistik und Groove greifen die verschiedenen Stimmen ineinander. Wenn man für eine Rhythmusgruppe schreibt, ist allerdings zu beachten, dass jedes Instrument für sich allein gut klingen und gut spielbar sein muss (s. 0.4). Wenn eine Stimme in sich rhythmisch holpert, lässt sich das nicht durch das Zusammenspiel mit den anderen Stimmen ausgleichen. Auch harmonisch sollte jede Stimme ein selbstständiges Klangbild abgeben. Ebenso sollte darüber hinaus die gesamte Rhythmusgruppe für sich allein über das gesamte Arrangement hinweg ein schlüssiges Klangbild aufweisen.

Die Rhythmusgruppe hat im Vergleich zu anderen Sektionen eines Ensembles sicher einen Sonderstatus. Sie spielt zumeist durchgängig und hat vor allem die Aufgabe, einen beständigen rhythmischen und harmonischen Hintergrund für die eher melodisch ausgerichteten Instrumente bzw. Sektionen zu liefern. Ihre Aufgabe fällt somit in erster Linie in die Kategorie Begleiten. Die Rhythmusgruppe kann gelegentlich aber auch aussetzend fungieren, z.B. wenn sie sich an einem Tutti beteiligt. Darüber hinaus kann sie auch kontrapunktierend eingesetzt werden. Dies geschieht z.B. oft durch kleine Einwürfe. Gerade in kleineren Ensembles kann dies wichtig sein. Wenn etwa in einer Combo mit mehreren Bläsern diese gemeinsam im Satz spielen, steht in den Pausen nur die Rhythmusgruppe für Einwürfe und Antworten zur Verfügung. Solche Einwürfe und Antworten sollten sich an der Spielart der Rhythmusgruppeninstrumente orientieren. So kann etwa das Klavier maßgebend sein, das entweder zusammen mit den übrigen Instrumenten der Rhythmusgruppe oder auch frei alleine einen Fill spielt. Auch der Bass lässt sich als führendes Instrument verwenden. Beispielsweise kann ein prägnanter Basston oder eine kurze Phrase im Unisono mit Klavier (ggf. unterstützt von der Bassdrum) sehr effektiv sein. Auch ein freier Bassfill ist gegebenenfalls sinnvoll. Zu berücksichtigen ist jedoch immer, dass der Groove unterbrochen wird, sobald der Bass bei Interaktionen involviert ist. Auch das Schlagzeug lässt sich als maßgebendes Instrument einsetzen. Dann ergibt sich oft ein ähnliches Klangbild wie bei einem Shout Chorus (s. 5.2.4.).

Der Notentext für die Instrumente der Rhythmusgruppe muss oft nicht allzu detailliert notiert werden, da die entsprechenden Instrumentalisten zumeist sehr versiert in der Ausgestaltung ihrer Stimme sind. Es genügt in der Regel, wenn Stilistik bzw. Groove zu Beginn im Notentext angegeben bzw. notiert ist und danach mit Strichnotation gearbeitet wird, um eine Fortsetzung des durchlaufenden Grundpatterns anzuzeigen. Besondere rhythmische Schwerpunkte, die im Zusammenspiel des gesamten Ensembles mit vollzogen werden sollen, lassen sich dabei durch Rhythmusnotation (Striche mit entsprechenden Notenhälsen) darstellen. Dies veranschaulicht das folgende Notenbeispiel 76. Die dort gezeigten Akkordsymbole sind natürlich nur bei Instrumenten mit harmonischer Funktion zu notieren.

NB. 76: Strich- und Rhythmusnotation für Rhythmusgruppeninstrumente

6.1.1 Schlagzeug

Das Schlagzeug bildet das rhythmische Zentrum eines Ensembles. Neben dem Tempo gibt es vor allem auch die Unterteilung des zugrunde liegenden Pulses an. So ist zumeist in der Becken- oder Hi-Hat-Phrase angelegt, ob Achtel, Sechzehntel oder Triolen die maßgebenden Subdivisions des Grooves bilden und ob binär oder ternär phrasiert wird. Beim Entwerfen spezieller Schlagzeuggrooves ist zu bedenken, dass letztlich alle beteiligten Einzelinstrumente zum Teil auch wie eigene Stimmen funktionieren, die für sich genommen schlüssig klingen sollten.

Für das Schlagzeug gibt es keine allgemeingültige Notation. Grundsätzlich kann man sagen, dass die Bassdrum unten, die Snare in der Mitte und Hi-Hat und Becken oben im Notensystem zu notieren sind. Wenn die Snare auf einer Linie notiert ist, stehen die Toms zur Verbesserung der Lesbarkeit meist in den Zwischenräumen. Welche Linie bzw. welcher Zwischenraum für welches Instrument genau verwendet wird, ist nicht generell festgelegt. Daher zeigt Notenbeispiel 77 nur eine von mehreren Notationsmöglichkeiten. Tomtoms sind entsprechend ihrer Höhe im Notensystem angesiedelt. Ein Kreuz als Notenkopf bedeutet zumeist, dass auf Metal (Becken, Hi-Hat etc.) geschlagen wird, wohingegen normale Notenköpfe eher für Trommeln stehen. Eine mögliche Notationsweise zeigt Notenbeispiel 77.[22]

NB. 77: Notation Schlagzeug

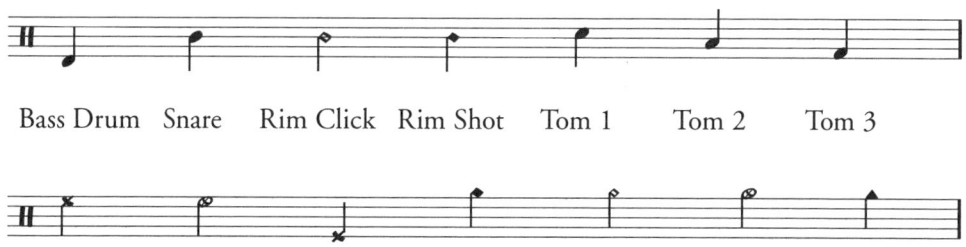

Beim oben dargestellten Rim Shot werden Fell und Kesselrand der Snare gleichzeitig angeschlagen, wodurch ein besonders markanter Klang entsteht. Für den Rim Click wird ein Stockende auf das Fell gelegt und mit dem anderen Ende auf den Kesselrand geklopft, wodurch ein klickendes Geräusch entsteht.

Um die Fortsetzung eines Grooves darzustellen, wird der Übersichtlichkeit halber Strichnotation verwendet. Besondere rhythmische Schwerpunkte im Zusammenspiel des gesamten Ensembles werden dabei auf zwei verschiedene Arten angezeigt. Soll der Groove durchlaufen und nur bestimmte Akzente der Band unterstützt werden, so wird über der durchlaufenden Strichnotation der gewünschte Rhythmus dargestellt.[23] Soll hingegen der durchlaufende Groove zugunsten der rhythmischen Akzente unterbrochen

---

22 Traditionelle Drum-Notation schreibt manchmal für Handarbeit den Hals nach oben und für Fußarbeit den Hals nach unten. Bei komplexeren Grooves (Funk, Salsa usw.) zeigen aber alle Hälse in dieselbe Richtung.

23 Die rhythmischen Akzente über durchlaufendem Groove werden im Bigbandkontext auch (Brass-)Cues genannt. Sie dienen dem Drummer zur Information über die Bläserstimmen und bieten die Freiheit, mitzugehen sowie manchmal auch Gegenakzente zu setzen.

werden, so wird nur dies in Rhythmusnotation (Striche mit entsprechenden Notenhälsen) angezeigt. Die beschriebenen Notationsweisen zeigt Notenbeispiel 78.

NB. 78: Strichnotation und rhythmische Akzente

durchlaufender Groove   unterbrochener Groove

In der Regel genügt es, dem Schlagzeuger anzuzeigen, welche Akzente er mit vollziehen soll. Wie er diese Akzente vorbereitet und einbettet, überlässt man ihm oft besser selbst. Sind etwas längere Pausen zu füllen, so ist es auch ausreichend, den nächsten gemeinsamen Akzent des Ensembles zu notieren und davor das Wort »Fill« zu setzen.

Wenn ein Schlagzeuger mit Besen oder Mallets[24] spielen soll, ist dies durch die Worte »Brushes« oder »Mallets« im Notentext anzuzeigen. Soll danach wieder auf Stöcke gewechselt werden, so notiert man »Sticks«.

6.1.2 Bass

Innerhalb eines Bandgefüges bildet vor allen anderen Instrumenten der Bass das Fundament. Dies liegt daran, dass er sowohl für den rhythmischen Puls als auch für den harmonischen Verlauf die Basis darstellt. Bei ostinaten Bassfiguren wie etwa bei Funk, Rock und Latin ist es sinnvoll, vor dem Schreiben für die anderen Sektionen eine klare Vorstellung von der Basslinie zu haben, da diese für das rhythmische Gesamtbild maßgebend ist und damit in die anderen Stimmen hineinwirkt. Bei freier Bassführung wie etwa dem Walkingbass schreiben Arrangeure die Bassstimme oft auch erst zum Schluss. Melodie und Bass bilden die Außenstimmen des gesamten musikalischen Gefüges und ihr Zusammenwirken hat auf das Klangbild großen Einfluss. Man spricht in diesem Zusammenhang auch von übergeordneter Zweistimmigkeit. In jedem Fall ist es empfehlenswert, sich am Schluss des Arrangierens zu überlegen, ob und wie diese Zweistimmigkeit – etwa durch den planvollen Einsatz von Parallel- und vor allem Gegenbewegung – optimiert werden kann. In diesem Zusammenhang ist auch zu prüfen, ob der Außenstimmensatz für sich genommen gut klingt.

In den meisten Fällen wird die Bassstimme von einem Kontra- oder E-Bass gespielt, seltener hingegen von Klavier, Keyboard oder einer Tuba. Notenbeispiel 79 zeigt den Tonumfang und die Leersaiten von einem Kontrabass. Der E-Bass unterscheidet sich diesbezüglich nur in der Obergrenze des Tonumfangs, was jedoch zumeist bloß zu solis-

---

24   Mallets sind Schlägel mit weichem Kopf, die auch für Pauken verwendet werden.

tischen Zwecken eingesetzt wird. Die Bassstimme wird im Bassschlüssel aufgeschrieben und klingt eine Oktave tiefer als notiert.

NB. 79: Tonumfang, Notation und Leersaiten Kontrabass

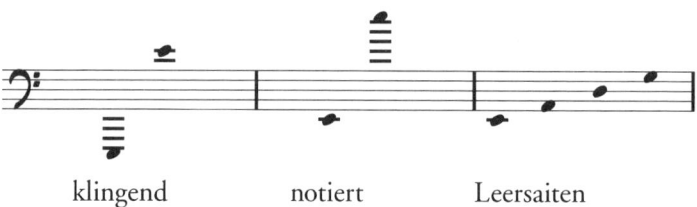

klingend   notiert   Leersaiten

Der Kontrabass wird gelegentlich auch gestrichen eingesetzt. Dies ist durch das Wort »arco« im Notentext anzuzeigen.

Wenn ein Walkingbass nicht in besonderer Weise gestaltet sein muss, genügt Strichnotation mit Akkordsymbolen. Bei ostinaten Bassfiguren ist das Pattern einmal zu Beginn auszunotieren. Die Fortführung des Patterns wird durch Strichnotation angezeigt. Soll das Pattern selbstständig vom Bassisten auf wechselnde Harmonien übertragen werden, sind der Zusatz »Sample Pattern« sowie entsprechende Akkordsymbole hinzuzufügen.

6.1.3 Klavier/Keyboards

Das Klavier ist das Instrument mit dem größten Tonumfang. Wie Notenbeispiel 80 zeigt, reicht er vom Subkontra A bis zum c^5.

NB. 80: Tonumfang Klavier

Alle Register sind gleich leicht zu spielen, sodass hohe Töne nicht »stressiger« klingen als tiefe. Hinsichtlich der Durchsetzungskraft unterscheiden sich verschiedene Register ebenfalls wenig, da in tiefen Lagen eine, in mittel hoher Lage zwei und in sehr hoher Lage drei gleich gestimmte Saiten für einen Ton angeschlagen werden. Allerdings verklingen Töne mit zunehmender Höhe schneller.

Das Klavier ist dasjenige Instrument, das am ehesten in der Lage ist, die drei Ebenen Bass, Harmonie und Melodie alleine und gleichzeitig zu bedienen. Dies wird gelegentlich für Einleitungen verwendet, in welchen das Solopiano dann bereits ein vollständiges Klangbild vermittelt und das Hinzutreten weiterer Instrumente eine erste Steigerung bewirkt. Im Kontext größerer Besetzungen agiert das Klavier sonst aber zumeist nur auf einer Ebene. Dabei besteht die Aufgabe häufig darin, andere Instrumente zu unterstützen und zu färben. So werden an ausgewählten Stellen gerne Bassfiguren gedoppelt, was den Klang der Bassfraktion verändert und ihn stärker wahrnehmbar werden lässt. Auch Bläservoicings werden oft vom Klavier mitgespielt, was häufig kaum auffällt, da es dem Gesamtklang nur eine kleine Farbnuance beifügt. Dies wirkt allerdings nur, wenn Bläser- und Klaviervoicing jeweils für sich genommen schlüssig klingen. Auch in kleineren Formationen funktioniert es nicht, wenn z. B. das Klavier als Unterstruktur und die Bläser als Oberstruktur (oder umgekehrt) eines gemeinsamen Voicings gesetzt werden.

Solistisch wird das Klavier ebenfalls gerne eingesetzt, sei es in Form einer Soloimprovisation oder durch kleinere Einwürfe. Letzteres wurde gerade von Count Basie meisterhaft praktiziert. Dabei entstand ein sehr kurzer, aber unglaublich effektiver Farbwechsel innerhalb des ansonsten eher bläserdominierten Gesamtbildes seiner Bigband.

Der Klang des Klaviers mischt sich relativ schlecht mit anderen Instrumenten. Das Doppeln einer Melodielinie wirkt daher zumeist recht auffällig und kommt nicht sonderlich häufig vor. Auch mit der Gitarre mischt sich das Klavier wenig. Daher sind diese beiden Instrumente auch beim Begleiten in ihrer Funktion tendenziell zu trennen. Bei traditionellen Jazzformationen beispielsweise schlägt die Gitarre auf jeder Viertelnote einen Akkord an, wohingegen das Klavier darüber rhythmisch freier agiert. Bei Funkgrooves hingegen spielt die Gitarre oft ein komplexeres Rhythmuspattern, wobei vom Klavier oder Keyboard vor allem flächigere Klänge verwendet werden.

In jedem Fall leistet das Klavier einen maßgeblichen Beitrag dazu, dass die Rhythmusgruppe ein vollständiges Klangbild abgibt. Dabei hat es weniger klangliche Facetten anzubieten als die meisten anderen Instrumente. Durch den Einsatz von Keyboards, Synthesizern etc. lässt sich aber beinahe jeder Klang erzeugen. Dabei ändert sich mitunter die Spielweise entsprechend dem jeweiligen Klang. Stringpad- oder Orgelsounds ermöglichen eine Spielweise, die sich wie ein Streichersatz verwenden lässt, clavinettartige Sounds hingegen gehen häufig mit gitarrenähnlicher Spielweise einher.

Für eine Klavierbegleitung genügt es oft, Strich- und Rhythmusnotation in Verbindung mit Akkordsymbolen zu verwenden. Dabei müssen in größeren Formationen die Akkordsymbole allerdings zumeist mehr Details enthalten, um ein Durcheinander im Bereich von Optionen und Alterationen zu vermeiden. Oft schreiben Arrangeure daher Klaviervoicings auch aus. Wenn man sich dazu entscheidet, sollte man allerdings darauf achten, nicht zu viele Töne zu notieren, um gute Lesbarkeit zu gewährleisten. Der Zusatz von Akkordsymbolen kommt dabei Spielern entgegen, die weniger gut Noten lesen.

6.1.4 Gitarre

Die Gitarre weist vier typische Spielweisen auf. Die erste ist das Chord Comping – sprich das Spielen von Begleitakkorden. Diese Spielweise kann rhythmisch sehr unterschiedlich gestaltet sein. Während z. B. im traditionellen Swing oft auf jeder Viertelnote ein Akkord angeschlagen wird, kann das rhythmische Pattern gerade bei Funkgrooves sehr komplex ausfallen. Im Rock werden im Übrigen häufig auch Powerchords[25] verwendet.

Ähnlich wie beim Chord Comping verhält es sich bei der zweiten Spielweise, dem Single Note Comping. Der einzige Unterschied besteht darin, dass – wie der Name schon sagt – nicht Akkorde, sondern einzelne Töne gespielt werden. Beim Chord Comping sowie beim Single Note Comping werden Voicings bzw. einzelne Töne häufig repetiert, wobei auch Ghost Notes[26] vorkommen. Die Gitarre wirkt in diesem Fall durch ihre besondere Spielweise mehr als Rhythmus- denn als Harmonieinstrument. Hier zeigt sich ein großer Unterschied zum Klavier, bei dem während des Begleitens Akkord- und Tonrepetitionen sowie Ghost Notes oft weniger gut klingen.

Beim Chord Comping und Single Note Comping wird das Rhythmuspattern meistens zu Beginn in Noten dargestellt; Ghost Notes werden (wenn überhaupt) mit einem Kreuz als Notenkopf angezeigt. Eine anschließende Strichnotation bedeutet die Fortführung des Patterns. Dies veranschaulicht Notenbeispiel 81.

NB. 81: Notation für Chord Comping und Single Note Comping

Chord Comping   Single Note Comping

Eine weitere Spielweise der Gitarre ist das Arpeggieren von Akkorden. Soll dies auf eine bestimmte Weise geschehen, so kann man das gewünschte Begleitmuster für den ersten Akkord ausnotieren und später Strichnotation mit dem Zusatz »Sample Pattern« verwenden. Dies bedeutet, dass das Begleitmuster auf die folgenden Akkorde übertragen werden soll.

Der vierte Einsatzbereich der Gitarre ist das Spielen von Melodien. Dies kann sowohl begleitende als auch melodietragende Funktion haben. So kann ein Thema (bzw. ein Teil davon), ein Instrumentalsolo oder auch mancher Einwurf von der Gitarre ge-

---

25 Powerchords bestehen nur aus Grundton und Quinte. Sie werden gerne für verzerrte Gitarren verwendet.

26 Ghost Notes sind Töne mit nicht klar definierter Tonhöhe. Bei der Gitarre entstehen sie z. B. durch das Anschlagen einer abgedämpften Seite.

spielt werden. Zum Zweck der Begleitung wird mitunter auch die Basslinie gedoppelt (eher im Rock und Funk). Jegliche Melodie ist vollständig zu notieren. Handelt es sich um ein einfaches melodisches Pattern (z. B. bei gedoppelter Basslinie), so kann man auch hier die Notation durch Striche mit dem Zusatz »Sample Pattern« abkürzen.

Notenbeispiel 82 zeigt den Tonumfang und die Leersaiten der Gitarre. Die Gitarrenstimme wird im Violinschlüssel aufgeschrieben und klingt eine Oktave tiefer als notiert.

NB. 82: Tonumfang Gitarre

Tonumfang klingend   Tonumfang notiert   Leersaiten

Auf der Gitarre sind viele Voicings, die etwa auf dem Klavier gängig sind, schwer oder gar nicht spielbar. Gerade enge Lagen und clusterartige Klänge bereiten oft Schwierigkeiten. Daher ist es sinnvoll, auf das Ausnotieren von Voicings nach Möglichkeit zu verzichten und auf Akkordsymbole zurückzugreifen. Gerade wenn man sich nicht wirklich gut mit dem Instrument auskennt, sollte man die genaue Ausgestaltung eines Voicings in die Hand des Gitarristen legen.

6.2 Blechblasinstrumente

Blechblasinstrumente haben einen besonders kraftvollen Klang. Sie sind durchsetzungsstärker als Holzbläser und Streicher, können aber auch einen leisen und warmen Ton erzeugen, sodass sie sich gut mit anderen Instrumenten mischen lassen. Hinsichtlich der Ausdauer sind Blechbläser eingeschränkt. Ein Fülle längerer Noten oder ausgedehnte Legatopassagen bedeuten für sie eine größere Anstrengung, sowohl was den Ansatz als auch was die Atmung betrifft. Dieser Aspekt gewinnt noch an Bedeutung, wenn das Blech in höherer Lage verwendet wird. Daher lohnt es sich, beim Schreiben folgende zwei Maßgaben zu berücksichtigen:

• Sparsamer Einsatz des Blechs bis zu dem Punkt, wo es wirklich gebraucht wird.
• Während und nach aktiveren Stellen für das Blech Pausen einbauen.

Zu berücksichtigen ist auch, dass es für Blechbläser mit zunehmender Höhe schwieriger wird, leise zu spielen. Im tiefen Register hingegen verlieren sie stark an Durchsetzungskraft und es ergeben sich mitunter Intonationsprobleme.

Blechblasinstrumente bieten nicht so viele unterschiedliche klangliche Ausdrucksmöglichkeiten wie Holzbläser und vor allem Streicher. Besondere Klangfarben hingegen ermöglicht der Einsatz von Dämpfern (engl.: Mutes). Hiervon gibt es folgende Arten:

- Cup Mute: Macht den Klang weicher und deutlich leiser.
- Straight Mute (= Spitzdämpfer): Macht den Klang etwas leiser, dabei aber schärfer und bissiger. Gut in Kombination mit Flöten.
- Bucket (= Velvet): Macht den Klang weicher (geht in Richtung Flügelhorn). Klingt kaum leiser.
- Harmon Mute ohne »Stem«[27]: Ändert den Klang am stärksten. Ton wirkt gläsern und sphärisch. Wird meist nur von Trompete verwendet.
- Harmon Mute mit »Stem«: Ton wird dem Cup ähnlich. Mit der Hand können »Wah-Wah-Effekte« gespielt werden. Typisch eher im traditionellen Jazz.
- Plunger: Wird mit der Hand über den Trichter gehalten und ermöglicht »Wah-Wah-Effekt«. Die Schreibweise ist »+« für geschlossenen und »o« für offenen Sound.[28]

Der Einsatz eines Dämpfers wird durch einen Zusatz wie »to harmon mute« zu Beginn der entsprechenden Passage angezeigt; zum Entfernen des Dämpfers wird dann »normal«, »(to) open« oder seltener »mute off« notiert. Für das Einsetzen und das Herausnehmen eines Dämpfers sowie das damit verbundene Nachstimmen[29] sind hinreichende Pausen mit einzukalkulieren. Das Spielen in die Notenpulte hinein ist dagegen ein schnell realisierbarer Dämpfungseffekt, wodurch sich ein starker Dynamikwechsel unterstützen lässt. Dazu wird »in stand« notiert.

Blechbläser arbeiten mit unterschiedlicher Zungentechnik, um Töne zu phrasieren. Sie können damit alle gängigen Formen der Phrasierung und Verzierung von Tönen bewerkstelligen. Diese sind im Anhang unter 8.5 zusammengestellt. Es gibt aber auch blechbläserspezifische Effekte. Dazu gehört die Flatterzunge, durch die ein dem Bogen-Tremolo von Streichern ähnlicher Klang entsteht. Ein anderer Effekt ist der Shake. Dabei wird ein gehaltener Ton mit dem Ansatz um bis zu eine Terz moduliert. Die Notation von Flatterzunge und Shake zeigt Notenbeispiel 83.

NB. 83: Notation von Flatterzunge und Shake

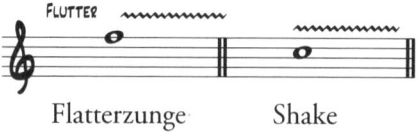

Flatterzunge   Shake

---

27 Der »Stem« ist ein Röhrchen, das man herausziehen kann, wodurch sich der Klang verändert.
28 Im traditionellen Jazz wird der Plunger auch manchmal mit einem Pixie Straight Mute (kleiner Straight Mute, der tief im Schallstück sitzt) kombiniert.
29 Für einen Dämpfer-Einsatz muss die Stimmzug-Position oft etwas verändert werden.

Ein weiterer Effekt ist das Growling. Bei Blechbläsern wird er durch eine bestimmte Zungentechnik (rollendes »Rrrr« des Gaumensegels) oder durch Mithilfe der Stimme erzeugt, ggf. in Verbindung mit nicht vollständig gedrückten Ventilen und einem Plunger-Dämpfer. Dabei entsteht ein gurgelnder, heiserer und aggressiver Klang. Dies wird im Notentext durch den Zusatz »Growl« angezeigt.

Blechbläser können ein sehr fließendes Glissando spielen. Auf der Posaune ist dies durch den Zug besonders leicht. Aber auch mit Trompeten und Flügelhörnern lässt sich dieser Effekt erzeugen. Dabei werden die Ventile nicht vollständig gedrückt. Als besondere Effekte zu nennen sind der »Doit« (kurzes ausgeblendetes Glissando aufwärts vom Ton weg), der »Rip« (umgekehrter Doit, kurzes Glissando zum Ton hin) und der »Bend« (gebogener Ton abwärts und zurück). Ein Glissando abwärts vom Ton weg wird auch als »Fall« oder »Fall Off« bezeichnet. Die verschieden Glissandi-Arten zeigt Notenbeispiel 84.

NB. 84: Notation verschiedener Glissandi

Rip   Fall   Doit   Bend

6.2.1 Trompete

Die Trompete steuert die Tonhöhe teilweise durch den »Ansatz« (wodurch die Naturtöne entsprechend der Obertonreihe entstehen) sowie durch drei Ventile. Daher sind verschiedene Tonkombinationen unterschiedlich schwer zu spielen. Trompeten sind folglich nicht so flexibel wie etwa Saxophone. Darauf sollte beim Schreiben Rücksicht genommen werden. Schnellere Linien und größere Sprünge sollten die Ausnahme sein und im hohen Register möglichst ganz vermieden werden. Zu bedenken ist auch, dass hohe Töne leichter zu spielen sind, wenn sie mit einer steigenden Melodielinie in kleineren Schritten erreicht werden.

Die Trompete wird im Violinschlüssel um einen Ganzton höher als klingend notiert. Dies sowie den möglichen und gebräuchlichen Tonumfang zeigt Notenbeispiel 85.

NB. 85: Notation und Tonumfang der Trompete

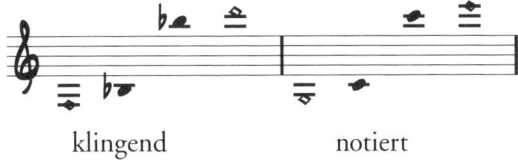

klingend   notiert

Bei größeren Bläserbesetzungen – insbesondere in einer Bigband – bilden gelegentlich drei, zumeist aber vier Trompeten einen Satz.[30] Die erste Trompete wird auch als »Lead-Trompete« bezeichnet. Sie ist für die höchsten und anstrengendsten Passagen verantwortlich. Es ist sinnvoll, die Kräfte des Lead-Spielers nicht unnötig herauszufordern. In den meisten Formationen erreicht auch der zweite Trompeter eine gute Höhe, wodurch mitunter die erste Trompete für besondere Stellen geschont werden kann. Ein Mitglied des Trompetensatzes ist zumeist speziell für improvisierte Solopassagen zuständig (Solo-Trompeter, oft drittes Pult). Die Übrigen fungieren vor allem als Satzspieler.

6.2.1 Flügelhorn

Das Flügelhorn ist der Trompete sehr ähnlich, weshalb die meisten Trompeter beide Instrumente spielen. Durch seine weitere Mensur ist der Klang weicher. Genau wie die Trompete steuert auch das Flügelhorn die Tonhöhe durch den Ansatz sowie durch Ventile. Die daraus resultierenden spieltechnischen Schwierigkeiten entsprechen denen der Trompete (s. 6.2.1) und sind beim Schreiben gleichermaßen zu berücksichtigen. Auch in Tonumfang und Notation stimmen Flügelhörner mit Trompeten überein. Allerdings kommt es dem Klang des Instruments weniger entgegen, die höheren Register auszureizen.

Bei den meisten Bläserbesetzungen stellen die Trompeter auch Flügelhörner als Doublings[31] zur Verfügung. Dabei kann das Flügelhorn sowohl im gesamten Satz als auch nur als Soloinstrument verwendet werden. Darüber hinaus lässt sich der Satz auch teilen, wobei dann z. B. die Trompeten mit den Posaunen und die Flügelhörner mit den Saxophonen oder Flöten zusammenspielen. Solche Mischsätze sind gerade in moderneren Arrangements beliebt. Besonders günstig ist auch die Kombination von Flügelhörnern mit den tieferen Posaunen, da beide Instrumente sich aufgrund der weiten Trichter klanglich ähneln und daher gut mischen. Flügelhörner verwenden in der Regel keine Dämpfer.

6.2.3 Posaune

Die Posaune steuert die Tonhöhe durch den Ansatz (wodurch die Naturtöne entsprechend der Obertonreihe entstehen) sowie durch einen Stimmzug. Noch ausgeprägter als bei der Trompete sind daher verschiedene Tonkombinationen unterschiedlich schwer zu spielen. Darauf sollte beim Schreiben unbedingt Rücksicht genommen werden. Gut singbare Melodien kommen Posaunen merklich entgegen. Sie sind noch weni-

---

30 Heutzutage bilden in Bigbands oft sogar vier bis fünf Trompeten einen Satz.

31 Die Zweitinstrumente von Bläsern werden auch als »Doublings« bezeichnet.

ger flexibel als Trompeten und Flügelhörner. Schnelle Linien und große Sprünge sind zu vermeiden. Dies gilt umso mehr in höheren Lagen. Wie bei Trompeten ist auch zu berücksichtigen, dass hohe Töne leichter zu spielen sind, wenn sie mit einer steigenden Melodie in kleineren Schritten erreicht werden.

Die Posaune wird im Bassschlüssel klingend notiert. Dies sowie den möglichen und gebräuchlichen Tonumfang zeigt Notenbeispiel 86. Zu bemerken ist, dass die Notation des oberen Registers einige Hilfslinien benötigt. Dies zu lesen ist für Posaunisten gängige Praxis.

NB. 86: Notation und Tonumfang der Posaune

Pedaltöne

Bei größeren Bläserbesetzungen – insbesondere in einer Bigband – bilden gelegentlich drei, zumeist aber vier Posaunen einen Satz. Dabei ist die vierte Posaune in der Regel eine Bassposaune. Sie hat neben dem Zug noch ein Ventil, mit dem das Instrument eine Quarte tiefer transponiert wird. Meistens ist zusätzlich ein zweites Ventil vorhanden, mit dem die Grundstimmung zugunsten voll chromatischer Spielbarkeit ab dem tiefsten Pedalton weiter herabgesetzt werden kann. Die Bassposaune wird ebenfalls im Bassschlüssel klingend notiert. Sie ermöglicht es, dem Blechsatz ein eigenes Fundament zu geben. Dieser Effekt wird gerne bei Chorale Voicings (s. 2.2.5.2) eingesetzt und zwar insbesondere dann, wenn die Saxophone nicht beteiligt sind und folglich das Baritonsaxophon für das Spielen des Grundtons nicht zur Verfügung steht.

6.3 Holzblasinstrumente

Als Holzblasinstrumente werden im Folgenden nur Saxophone, Klarinetten und Flöten besprochen, da andere Instrumente dieser Gattung im Jazz/Rock/Popbereich seltener vorkommen. Holzbläser klingen weicher und rauer als Blechbläser. Sie haben einen milderen Attack und sind etwas weniger durchsetzungsstark. Dafür lassen sie sich besonders gut mit anderen Instrumenten mischen. Sie sind sehr wendig und eignen sich daher gut für schnellere Melodieverläufe. Große Sprünge sind für sie unproblematischer als für das Blech. Auch hinsichtlich der Ausdauer sind sie weniger eingeschränkt. Holzbläser benötigen ebenfalls genügend Pausen zum Atmen, längere Erholungsphasen hingegen brauchen im Verlauf eines Arrangements für sie nicht unbedingt eingeplant zu werden.

Saxophone, Klarinetten und Flöten bieten viele verschiedene klangliche Ausdrucksmöglichkeiten. Sie arbeiten mit unterschiedlicher Zungentechnik, um Töne zu phrasieren. So können sie alle gängigen Formen der Phrasierung und Verzierung von Tönen bewerkstelligen. Diese sind im Anhang unter 8.5 zusammengestellt.

6.3.1 Saxophone

Saxophone steuern die Tonhöhe im Wesentlichen durch das Öffnen und Schließen von Klappen. Über den Ansatz wird hingegen hauptsächlich die Intonation, der Übergang in das höhere Register (ab dem jeweilig notierten d^2) sowie das Erzeugen von Flageoletttönen gesteuert. Die Schwierigkeitsunterschiede verschiedener Tonkombinationen sind somit viel geringer als bei Blechbläsern.

Saxophonstimmen werden im Violinschlüssel notiert und zwar stets höher als klingend, nämlich:

- das Sopransaxophon um einen Ganzton höher als klingend;
- das Altsaxophon um eine große Sexte höher als klingend;
- das Tenorsaxophon um eine große None höher als klingend;
- das Baritonsaxophon um eine große Tredezime höher als klingend.

Dies sowie die möglichen und gebräuchlichen Tonumfänge[32] zeigt Notenbeispiel 87.

NB. 87: Notation und Tonumfang der verschiedenen Saxophone

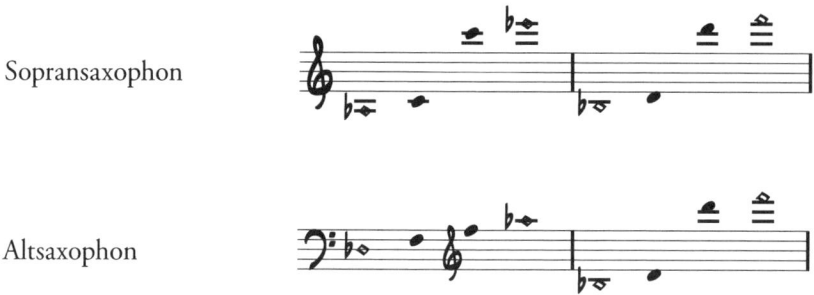

Sopransaxophon

Altsaxophon

---

32 Heutzutage sind fast alle modernen Saxophone mit einer hoch f#-Klappe ausgestattet, welche den normalen Tonumfang bis zum notierten f#³ erweitert. Außerdem werden moderne Baritonsaxophone häufig zusätzlich mit einer tief a-Klappe gebaut, welche den Tonumfang nach unten bis zum klingenden großen C erweitert. Da im Jazz/Rock/Popbereich allerdings viele Saxophonisten bewusst auf alten Instrumenten spielen, sollte man diese Erweiterungen nicht unbedingt voraussetzen.

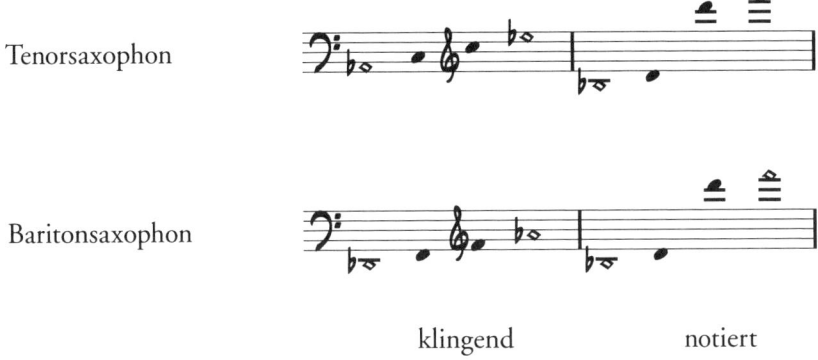

Tenorsaxophon

Baritonsaxophon

klingend   notiert

Durch Überblasen können Flageoletttöne[33] erzeugt werden. Dies ermöglicht es, den Tonumfang über das jeweilig notierte f[3] hinaus zu erweitern.[34] Da Flageoletttöne allerdings schwerer zu kontrollieren sind und oft komplizierte Griffverbindungen verursachen, werden sie selten in Arrangements, sondern eher solistisch verwendet.

Bei größeren Bläserbesetzungen – insbesondere in einer Bigband – bilden gelegentlich drei oder vier, zumeist aber fünf Saxophone einen Satz. Gängig sind zwei Altsaxophone, zwei Tenorsaxophone und ein Baritonsaxophon. Das erste Altsaxophon wird auch als »Lead-Alto« bezeichnet. Der Lead-Altist hat eine Vorreiterrolle und ist in besonderer Weise für Timing, Phrasierung und Dynamik verantwortlich. Im Gegensatz zu den Trompeten, bei denen eine Unterscheidung zwischen Lead- und Solospieler besteht, können alle Saxophonisten tendenziell gleichermaßen für Soli eingesetzt werden.

Saxophone lassen sich dazu verwenden, eine Melodie solistisch (etwa bei einer Ballade; s. 8.1) oder im Unisono bzw. Oktavunisono vorzutragen. Sie können auch für das Bilden von Klangflächen oder das Spielen von Guide Tone Lines einsetzt werden. Saxophone mischen sich gut mit anderen Instrumenten. Daher werden sie häufig zusammen mit Blechbläsern verwendet. Dabei klingt das Blech zumeist vordergründiger, wird aber durch die Saxophone verstärkt und mit dem typischen Saxophonklang eingefärbt.

Ein besonderer Klangeffekt des Saxophons ist das Growling. Er wird durch gleichzeitiges Singen eines anderen undefinierten Tons erzeugt. Dabei entsteht ein gurgelnder und rauer Sound, der jedoch zumeist zu solistischen Zwecken verwendet wird. Weitere Effekte sind False Fingerings[35] und Multiphonics[36]. Aber auch diese werden eher solistisch und vom Spieler eigenständig eingesetzt. Glissandi lassen sich auf Saxophonen zwar durchaus erzeugen, das dabei entstehende Klangbild ist jedoch weniger gleitend als bei Blechbläsern.

---

33 Man spricht auch von Top Tones oder Altissimo-Register.
34 Bei einer Bauart mit hoch f#-Klappe über das notierte f#[3] hinaus.
35 Dabei wird ein Ton wiederholt, aber mit verschiedenen Griffen gespielt, wobei der Klang zweier verschiedener Töne mit gleicher Tonhöhe entsteht.
36 Bei diesem Effekt erklingen mehrere Töne gleichzeitig.

6.3.2 Klarinetten

Die Klarinette wurde im Jazz/Rock/Popbereich zunehmend vom Saxophon verdrängt. Daher werden Klarinetten vorwiegend als Doublings[37] von Saxophonisten zur Verfügung gestellt. Die Klangerzeugung ist der des Saxophons ähnlich. Der Ton klingt jedoch weicher und wärmer, da der Instrumentenkorpus im Normalfall aus Holz besteht. Die Flexibilität der Klarinetten ist tendenziell noch größer als die der Saxophone.

Im Bereich Jazz/Rock/Pop werden üblicherweise nur die Bb- und die Bassklarinette verwendet.[38] Beide werden im Violinschlüssel aufgeschrieben.

Allerdings werden sie unterschiedlich transponiert notiert, nämlich:

- die Bb-Klarinette um einen Ganzton höher als klingend;
- die Bassklarinette um eine Oktave plus großer Sekunde (= große None) höher als klingend.

Dies sowie die möglichen und gebräuchlichen Tonumfänge[39] zeigt Notenbeispiel 88.

NB. 88: Notation und Tonumfang der verschiedenen Klarinetten

Der Klang der Klarinetten wird häufig mit älterer Stilistik wie New Orleans Style, Dixieland Jazz und Swing in Verbindung gebracht. Sie werden daher zumeist in traditionelleren Ensembles verwendet (Benny Goodman, Glenn Miller). Allerdings erleben sie in letzter Zeit eine Renaissance durch ihren verstärkten Einsatz bei modernen Arrange-

---

37 Die Zweitinstrumente von Bläsern werden auch als »Doublings« bezeichnet.

38 Die Eb-, C- und A-Klarinette sowie das Bassetthorn sind eher im Bereich der Klassik üblich.

39 Ähnlich wie bei Saxophonen gibt es auch bei Klarinetten verschiedene Bauarten, die zum Teil einen erweiterten Tonumfang zur Verfügung stellen. So kann z.B. eine Bassklarinette häufig bis zum notierten tiefen c (klingend b) spielen. Im Jazz/Rock/Popbereich sollte man aber solche Erweiterungen nicht unbedingt voraussetzen.

ments, in denen sie gerne zur Bildung unterschiedlicher Mischsätze (s. 6.5) gebraucht werden. Eine Besonderheit stellt die Bassklarinette dar. Sie hat einen etwas mystischen Klang, wodurch ihr solistischer Einsatz an entsprechender Stelle sehr effektvoll sein kann.

6.3.3 Flöten

Spezielle Flötisten gibt es im Jazz/Rock/Popbereich eher selten. Stattdessen werden Flöten vorwiegend von Saxophonisten als Doublings[40] zur Verfügung gestellt. Ihre Flexibilität ist immens. Große Sprünge in schnelleren Tempi, Läufe und Arpeggios über mehrere Oktaven sowie Triller und Tremolos auch in größeren Tonabständen bereiten ihnen keine Probleme.

Im Jazz/Rock/Popbereich kommen – wenn überhaupt – zumeist Querflöten zum Einsatz. Sie klingen rauer und farbiger als Blockflöten.

Flötenstimmen werden stets im Violinschlüssel aufgeschrieben. Die Notation ist wie folgt transponiert:[41]

- die Piccoloflöte um eine Oktave tiefer als klingend;
- die C-Flöte klingend;
- die Altflöte um eine Quarte höher als klingend.

Dies sowie die möglichen und gebräuchlichen Tonumfänge[42] zeigt Notenbeispiel 89.

Flöten werden in größeren Besetzungen vor allem ihrer besonderen Farbe wegen eingesetzt. Sie mischen sich gut mit verschiedenen Instrumenten, sind allerdings wesentlich leiser als Blechbläser. Daher sind sie eher mit leisen Blechpassagen insbesondere in Zusammenhang mit Dämpfern zu kombinieren. Zu berücksichtigen ist auch, dass Flöten mit zunehmender Tiefe an Lautstärke und Durchsetzungskraft verlieren. In hoher Lage hingegen können sie sehr durchdringend sein. Darüber hinaus ist das Lautstärkespektrum, in dem ein und derselbe Ton gespielt werden kann, vergleichsweise klein. Daher sind die Möglichkeiten, mit Dynamik zu arbeiten, eher gering.

---

40   Die Zweitinstrumente von Bläsern werden auch als »Doublings« bezeichnet.

41   Die Bassflöte wurde hier nicht mit aufgeführt, da sie im Jazz/Rock/Popbereich so gut wie nicht vorkommt.

42   Ähnlich wie bei Saxophonen und Klarinetten gibt es auch bei Flöten verschiedene Bauarten, die zum Teil einen erweiterten Tonumfang zur Verfügung stellen. So kann z. B. eine Flöte mit h-Fuß häufig bis zum notierten tiefen h spielen. Im Jazz/Rock/Popbereich sollte man aber solche Erweiterungen nicht unbedingt voraussetzen.

NB. 89: Notation und Tonumfang der verschiedenen Flöten

Piccoloflöte

C-Flöte

Altflöte

klingend   notiert

Besondere Effekte der Flöte sind die Flatterzunge und das Growling. Das Growling wird wie bei den Saxophonen durch gleichzeitiges Singen eines anderen undefinierten Tons erzeugt. Der dabei entstehende gebrochene und verfremdete Klang wird jedoch zumeist zu solistischen Zwecken verwendet.

6.3.4 Doublings

Wie bereit erwähnt, werden Klarinetten und Flöten im Jazz/Rock/Popbereich in der Regel von Saxophonisten als Doublings[43] zur Verfügung gestellt. Beim Arrangieren ist daher zu beachten, dass die in 6.3.2 und 6.3.3 beschriebene besondere Flexibilität von Flöten und Klarinetten nur eingeschränkt gilt. Für die Spieler handelt es sich um Zusatzinstrumente, die sie manchmal nicht ganz so virtuos beherrschen wie ihr Hauptinstrument. Deshalb sollten die technischen Möglichkeiten nicht unbedingt bis an die Grenzen ausgereizt werden.

In einer Bigband stellen die verschiedenen Saxophonisten unterschiedliche Instrumente als Doublings zur Verfügung. Dabei gibt es einige Standardkonstellationen, die im Folgenden dargestellt werden sollen:

• Es kommt gelegentlich vor, dass der erste Altist auf das Sopransaxophon wechselt. In selteneren Fällen ist dies auch für das zweite Altsaxophon oder sogar das erste Tenorsaxophon erforderlich.

• Von den verschiedenen in 6.3.2 aufgeführten Klarinetten, werden im Bigband-Kontext in der Regel nur die Bb- und die Bassklarinette verwendet. Dabei ist es gängig,

---

43   Die Zweitinstrumente von Bläsern werden auch als »Doublings« bezeichnet.

dass die Altisten und Tenoristen Bb-Klarinette spielen und der Baritonist Bassklarinette.

- Altisten und Tenoristen verwenden oft auch C-Flöten. Der erste Altist spielt zusätzlich noch Piccoloflöte und der Baritonist Altflöte. Der Einsatz der Bassflöte ist etwas seltener.

Tabelle 5 zeigt eine gängige Doubling-Verteilung im Holzsatz einer modernen Bigband. Es gibt in der Praxis durchaus zahlreiche Beispiele, die von dieser verallgemeinernden Darstellung abweichen. Man kann aber in einem professionellen Ensemble davon ausgehen, dass die Spieler zumindest die nicht eingeklammerten Instrumente im Gepäck haben.

Tab. 5: Doublings im Saxophonsatz

1. Altist	2. Altist	1. Tenorist	2. Tenorist	Baritonist
Sopransaxophon Bb-Klarinette C-Flöte (Piccoloflöte)	(Sopransaxophon) Bb-Klarinette C-Flöte	Bb-Klarinette C-Flöte	Bb-Klarinette C-Flöte	Bassklarinette (Altflöte)

Soll ein Spieler innerhalb eines Stücks das Instrument wechseln, so ist dafür im Arrangement ausgiebig Zeit einzuplanen. Wenige Sekunden Pause sind sicher zu knapp. Hektik sollte unbedingt vermieden werden.

Soll z. B. ein Saxophonist auf Flöte wechseln, so wird dies im Notentext durch »to flute« angezeigt. Da die Flöte anders notiert wird (nämlich klingend), ändert sich an dieser Stelle auch die Vorzeichnung. Das Notenbild entspricht dann an dieser Stelle dem einer Modulation.

6.4 Streichinstrumente

In einem größeren Orchester finden sich folgende fünf Streichergruppen: erste Violinen, zweite Violinen, Bratschen, Celli, Kontrabässe. Unabhängig von der Gesamtgröße eines Ensembles gibt es zumeist mehr erste Violinen als zweite, mehr zweite Violinen als Bratschen usw.[44] Dadurch wird eine Balance zwischen den verschiedenen Registern hergestellt. Meist sitzen zwei Spieler an einem Notenpult. Bei Stimmenteilung (divisi) spielt der eine oben; der anderen übernimmt die untere Stimme und ist für das Umblättern zuständig. Einen ganz anderen und intimeren Klang vermittelt das typische Streichquar-

---

44 In einem großen Orchester gibt es häufig 16 erste Geigen, 14 zweite Geigen, 12 Bratschen, 10 Celli und 8 Kontrabässe.

tett. Es besteht aus erster Violine, zweiter Violine, Bratsche und Cello. Im Jazz/Rock/Popbereich stehen – außer bei Filmmusikproduktionen – zumeist nur kleinere Streichersektionen zur Verfügung. Dabei wird die eventuell notwendige Durchsetzungskraft z. B. gegenüber Schlagzeug, E-Gitarre und Bläsersektion oft durch Mikrofonierung gewährleistet. Damit lassen sich Streicher sehr vielfältig einsetzen.

6.4.1 Klangerzeugung und Phrasierung

Streichinstrumente haben – nach der menschlichen Stimme – mit die meisten klanglichen Ausdrucksmöglichkeiten. Weil der Ton zumeist durch Führen des Bogens über die Saiten erzeugt wird, kann der Klang wie bei Blasinstrumenten nach dem Einsetzen noch verändert werden (Crescendo, Tremolo etc.). Dabei benötigen Streichinstrumente keine Pausen zum Luftholen und eignen sich folglich sehr gut für lange Klangflächen, Guide Tone Lines oder ausladende Melodiebögen. Auch für ausdauernde Ostinatofiguren sind sie gut einsetzbar. Die Saiten lassen sich auch mit den Fingern zupfen, dies wird als Pizzicato bezeichnet. Dabei verklingen die Töne insbesondere bei Geigen und Bratschen recht schnell. Dies kann als percussiver Effekt genutzt werden. Besonders kurz ist der Klang dann, wenn gedrückte Saiten (»Stops«) – also keine Leersaiten – gezupft werden. Pizzicato wird durch den Zusatz »pizz.« zu Beginn der entsprechenden Passage angezeigt. Die Rückkehr zur Verwendung des Bogens wird durch die Anweisung »arco« markiert.

Die meisten Töne eines Streichinstruments können auf mehreren Saiten gespielt werden. Die Wahl der Saite hat Einfluss auf den Klang. Wird ein Ton auf einer tiefen Saite hoch gegriffen, so ist seine Klangfarbe dunkler und weniger obertonreich. Gleichzeitig klingt er weniger entspannt, aber dafür etwas bissiger, als wenn derselbe Ton auf einer hohen Saite tief gegriffen wird. Der Effekt ist ansatzweise mit einer Männer- und einer Frauenstimme vergleichbar, die denselben Ton singen. Um dem Spieler anzuzeigen, dass er einen Ton z. B. auf der A-Saite greifen soll, wird »sul A« über der Note notiert. Eine wichtige Bedeutung kommt den Leersaiten zu, da sie einen besonderen Klang aufweisen. Töne auf Leersaiten sind leichter zu spielen, verklingen langsamer, bieten aber keine Möglichkeit für ein Vibrato.

Auf Streichinstrumenten können mitunter mehrere Töne gleichzeitig gespielt werden. Dies ist jedoch nur dann möglich, wenn die Töne auf benachbarten Saiten liegen. Am häufigsten findet man in diesem Zusammenhang die Doppelgriffe (Doublestops). Sie sind einfacher zu greifen, wenn dabei Leersaiten verwendet werden können. Ohne Leersaiten darf das Intervall nicht kleiner als eine große Sekunde und nicht größer als eine Oktave sein. Die Aktivität der beiden Stimmen sollte gering sein, um komplizierte Fingersätze zu vermeiden. Schwieriger noch sind Triplestops zu spielen. Dabei muss die mittlere Saite heruntergedrückt werden, damit der Bogen alle drei Saiten berührt. Weil dafür Kraft benötigt wird, eignen sie sich eher für kürzere Notenwerte. Gerade bei

Triplestops sollte man Leersaiten mit einbeziehen. Double- und Triplestops werden durch eine Klammer markiert. Dies veranschaulicht Notenbeispiel 90.

NB. 90: Double- und Triplestops

Streichinstrumente können auch Flageoletttöne spielen. Dazu wird ein Finger der linken Hand leicht an einer bestimmten Stelle der Saite aufgesetzt, sodass ein Oberton erklingt. Folgende zwei Arten sind zu unterscheiden:

- Natürliche Flageolett: Sie werden auf Leersaiten gebildet und sind daher einfach zu spielen. Notiert wird meist der klingende Ton mit einem Kreis darüber (s. Notenbeispiel 91), da es in vielen Fällen nur eine mögliche Ausführung gibt bzw. dem Spieler sonst die Auswahl überlassen wird.
- Künstliche Flageolett: Sie werden auf gegriffenen Saiten erzeugt. Notiert wird der fest gegriffene Finger als normaler Notenkopf, der lose aufgesetzte Finger als rautenförmiger Notenkopf darüber und gelegentlich der tatsächliche erklingende Ton zusätzlich noch in Klammer (s. Notenbeispiel 91). Künstliche Flageoletts sind in der Regel schwerer zu spielen als natürliche.

NB. 91: Flageoletts

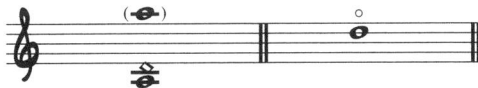

Die Höhe des tatsächlich klingenden Tones ist abhängig vom Intervall zwischen dem gedrückten und dem aufgelegten Finger. Besonders zu nennen sind:

- Oktav-Flageolett: Es erzeugt dieselbe Tonhöhe, als würde man den hohen Ton fest greifen, und ist fast nur auf Leersaiten spielbar.
- Quart-Flageolett: Dabei erklingt die doppelte Oktave über dem Ausgangston. Es ist sehr gängig und relativ flexibel einsetzbar.
- Quint-Flageolett: Es liefert eine Duodezime (= Oktave plus Quinte) über dem Ausgangston und ist schon auf dem Cello kaum noch zu greifen.
- Terz- oder Sext-Flageolett (groß): In beiden Fällen klingt eine doppelte Oktave plus eine große Terz über dem Ausgangston. Es kommt selten vor.
- Terz- oder Sext-Flageolett (klein): Das Ergebnis ist in beiden Fällen eine doppelte Oktave plus eine Quinte über dem Ausgangston. Es kommt ebenfalls selten vor.

Je höher das Flageolett, desto schlechter spricht es an und desto schwieriger ist es zu spielen. Allgemein klingen Flageoletts sehr hoch und dünn, weshalb sie sich vor allem als Effekt in leisen Passagen eignen.

Die Richtung, in der ein Bogen über eine Saite geführt wird, hat – auch wenn fortgeschrittene Spieler dies kompensieren können – Auswirkungen auf den Klang. Dies hängt vor allem damit zusammen, dass der Bogen an einer Seite gehalten wird. Berührt er die Saite nahe der Hand, so lässt sich mehr Druck erzeugen. Der Abstrich führt damit tendenziell zu einem lauteren und schneller ansprechenden Ton.

Auf- und Abstrich lassen sich im Notentext angeben. Dies zeigt Notenbeispiel 92. Weist kein Zeichen auf eine bestimmte Bogenrichtung hin, macht der Streicher automatisch Auf- und Abstriche für jede Note. Daher genügt es auch oft, die Bogenführung nur zu Beginn einer Phrase zu notieren und die entsprechende Fortsetzung dem Spieler zu überlassen. Sollen mehrere Töne in eine Richtung gestrichen werden, so ist dies durch einen Legatobogen anzuzeigen. Auch dies ist im Notenbeispiel 92 dargestellt.

NB. 92: Notation Abstrich, Aufstrich und Legato

Kurz zu spielende Noten werden mit einem Staccato-Punkt versehen. Der Bogen ändert dann bei jedem Ton die Richtung. Noch prägnanter als das Staccato ist das Spiccato. Dabei springt der Bogen auf den Saiten und wechselt gleichfalls bei jedem Ton die Richtung. Die Notation verwendet Staccato-Punkte mit dem Zusatz »Spicc.«. Soll der Bogen beim Springen in eine Richtung geführt werden, spricht man von Jété. Dies wird mit einem Legatobogen markiert. Entsprechendes zeigt Notenbeispiel 93.

NB. 93: Notation Staccato, Spiccato und Jété

Wenn Noten, die breiter sind als Staccato, Spiccato und Jété, trotzdem voneinander abgesetzt gespielt werden, ist dies über der entsprechenden Stelle im Notentext durch den Zusatz »Détaché« anzuzeigen. Der Bogen ändert bei jedem Ton die Richtung. Soll der Bogen in eine Richtung geführt werden, spricht man von Louré. Dies wird mit einem Legatobogen markiert. Entsprechendes zeigt Notenbeispiel 94.

NB. 94: Notation Détaché und Louré

Détaché   Louré

Beim Portamento gleitet der Finger auf dem Griffbrett von einem Ton zu nächsten. Dabei entsteht ein glissandoartiger Klang. Ein anderer Effekt ist das Tremolo. Dabei wird entweder der Bogen auf einem Ton schnell hin- und herbewegt oder ein Finger schlägt wie bei einem Triller auf die entsprechende Stelle des Griffbretts (Fingertremolo), wodurch abwechselnd zwei Töne erklingen. Die jeweilige Notation zeigt Notenbeispiel 95. Man beachte, dass bei der Notation des Fingertremolos beide beteiligten Töne in der Dauer des Tremolos notiert sind, sodass z. B. im untenstehenden Fall vier halbe Noten in einem 4/4-Takt stehen.

NB. 95: Notation Portamento und Tremolo

Portamento   Bogentremolo   Fingertremolo

Stehen unter den Noten nur zwei Tremolostriche, so ist damit häufig gemeint, dass die entsprechende Bewegung nicht einfach schnell und rhythmisch frei, sondern in Sechzehntelnoten ausgeführt werden soll. Ein Tremolostrich bedeutet dann entsprechend eine Bewegung in Achtelnoten.

Streicher verwenden selbstständig das Vibrato. Soll darauf verzichtet werden, so wird »N. V.« (»Non Vibrato«) über die Noten geschrieben. Um einen Ton besonders warm und voll klingen zu lassen, kann man den Bogen näher am Griffbrett führen lassen. Dies wird durch den Zusatz »sul tasto« angezeigt. Der Zusatz »sul ponticello« hingegen meint, dass der Bogen näher am Steg geführt werden soll, wodurch ein eher dünner und gläserner Klang entsteht. Streicher können auch mit einem Dämpfer spielen. Dies führt zu einem leiseren und dumpferen Ton, was durch den Zusatz »con sordino« anzuzeigen ist. Für das Abnehmen des Dämpfers wird »senza sordino« notiert.

6.4.2 Violine

Die Violine – auch Geige genannt – ist in Quinten gestimmt. Auf den Leersaiten liegen die Töne $g - d^1 - a^1 - e^2$. Der gebräuchliche Tonumfang ohne Flageoletts liegt zwischen g und h^3. Die Violine wird klingend im Violinschlüssel notiert. Dies zeigt Notenbeispiel 96.

NB. 96: Notation, Tonumfang und Leersaiten der Violine

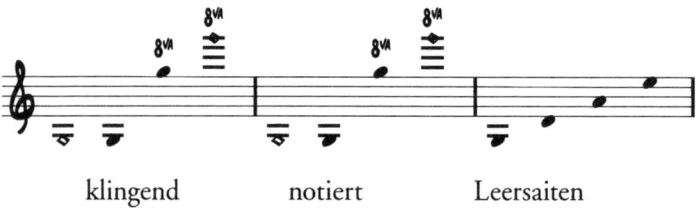

klingend   notiert   Leersaiten

Wenn mehrere Violinen eine Melodie spielen, so geschieht das im unteren und mittleren Bereich des Instruments im Unisono. Bei hohen Passagen teilen sich mitunter erste und zweite Violinen auf und spielen im Oktavunisono. Des Weiteren können erste und zweite Violinen auch kontrapunktisch geführt werden. Im Akkordsatz übernehmen sie zumeist die Oberstimme. Ihre kurzen Saiten sprechen sehr schnell an. Die Verwendung einer Solovioline eignet sich sowohl im Rahmen eines intimen als auch temperamentvollen Gesamtklangs.

6.4.2 Viola

Die Viola – auch als Bratsche bezeichnet – ist wie die Violine in Quinten gestimmt. Auf den Leersaiten liegen die Töne c – g – d¹ – a¹. Der gebräuchliche Tonumfang ohne Flageoletts liegt zwischen c und c³. Die Viola wird im Altschlüssel notiert. Dies zeigt Notenbeispiel 97.

NB. 97: Notation, Tonumfang und Leersaiten der Viola

klingend   notiert   Leersaiten

Die obere drei Leersaiten der Viola decken sich mit den unteren dreien der Violine. Dies trägt maßgeblich zur Homogenität des Klangkörpers einer Streichersektion bei. Wenn die Violinen eine Melodie spielen, so verlaufen die Violen dazu manchmal im Oktavunisono. Sie können auch kontrapunktisch zu den Violinen geführt werden. Außerdem können Violen von den Violoncelli gedoppelt werden und so zu den zusammengeführten ersten und zweiten Violinen kontrapunktisch verlaufen. Im Akkordsatz übernehmen Violen zumeist die zweite oder dritte Stimme, je nachdem, ob die Violinen geteilt sind oder nicht. Sie bilden die Verbindung zwischen den eine Quinte höheren Violinen und den eine Oktave tieferen Violoncelli. Ihre recht kurzen Saiten sprechen relativ schnell an. Die Verwendung einer Soloviola klingt etwas dicker als die einer Solovioline, eignet sich aber ebenfalls sehr im Rahmen eines intimen Gesamtklangs.

6.4.3 Violoncello

Das Violoncello – auch kurz Cello genannt – ist wie die Violine und die Viola in Quinten gestimmt. Auf den Leersaiten liegen die Töne C – G – d – a. Der gebräuchliche Tonumfang ohne Flageoletts liegt zwischen C und c^2. Das Violoncello wird im Bassschlüssel notiert. Dies zeigt Notenbeispiel 98.

NB. 98: Notation, Tonumfang und Leersaiten des Violoncellos

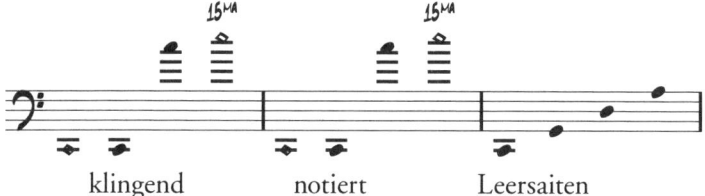

In sehr hohen Lagen kann für die Notation auch der Alt-, mitunter sogar der Violinschlüssel verwendet werden. Die oberen beiden Saiten des Violoncellos liegen im unteren Bereich der Viola. Dies unterstützt die Homogenität des Klangkörpers einer Streichersektion. Violoncelli haben im Streichquartett (mit Viola, erster und zweiter Violine) vor allem Bassfunktion. In größeren Besetzungen werden sie gelegentlich dazu verwendet, die oktavierte Melodie von Violinen und Violen um eine weitere Oktave zu verdoppeln. Häufig aber doppeln sie auch die Stimme des Kontrabasses eine Oktave höher. Dies führt die unterschwellig wirkende Bassstimme stärker in die Wahrnehmung. Bei mehreren Celli kann die Stimme geteilt werden (divisi), sodass die einen den Bass doppeln und die Übrigen eine andere Stimme spielen. Außerdem können Violoncelli die Violen verdoppeln und so zu den zusammengeführten ersten und zweiten Violinen kontrapunktisch verlaufen. In einem Voicing übernehmen die Celli zumeist die unterste Stimme über dem Grundton im Bass. Für bestimmte Klangeffekte kann man sie aber auch als Oberstimme führen. Dadurch klingt diese sehr druckvoll und weniger entspannt. Dies eignet sich aber nur für eine hinreichend tiefe Oberstimme. Die längeren Saiten des Violoncellos sprechen langsamer an als die von Violine und Viola. Als Soloinstrument klingt das Cello warm und voll. Dabei kann es sehr melancholisch wirken.

6.4.4 Kontrabass

Der Kontrabass – englisch Double Bass – ist normalerweise in Quarten gestimmt. Auf den Leersaiten liegen die Töne Kontra E – Kontra A – D – G. Der gebräuchliche Tonumfang ohne Flageoletts liegt zwischen Kontra E und e^1. Der Kontrabass wird im Bassschlüssel eine Oktave höher als klingend notiert. Dies zeigt Notenbeispiel 99.

NB. 99: Notation, Tonumfang und Leersaiten des Kontrabasses

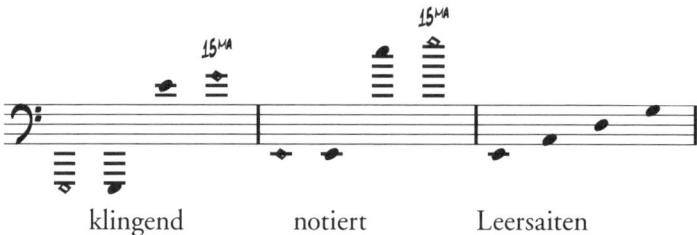

Bei längeren sehr hohen Passagen wird für die Notation auch der Alt- oder seltener sogar der Violinschlüssel verwendet. Die oberen beiden Saiten des Kontrabasses liegen im unteren Bereich des Viololoncellos. Dies ermöglicht den klanglichen Anschluss an die oberen Stimmen der Streichersektion. Manchmal spielt der Kontrabass eine tiefere Melodielinie mit den Celli im Unisono. Alleine spielt er eine Melodie eher in fugenartigem Kontext, wenn jeder Stimme eine Linie zukommt. Allerdings hat der Kontrabass zumeist Bassfunktion, sodass der Abstand zwischen ihm und den Celli oft größer ist als zwischen ihm und den anderen Stimmen. Der gestrichene Kontrabass wird im Bereich Jazz/Rock/Pop eher sparsam eingesetzt. Sein Klang ist dann recht massiv und prägt den Gesamtklang der Streichersektion. Die langen Saiten des Kontrabasses sprechen eher langsam an. Gezupft klingt er etwas direkter und wesentlich schlanker. Je nach Funktion in einem Ensemble fungiert er dann aber oft mehr als Teil der Rhythmusgruppe. Wenn eine vollständige Rhythmusgruppe – etwa mit einem E-Bass – vorhanden ist, so ist darauf zu achten, dass sich die Bassstimmen nicht in die Quere kommen. Harmonisch gesehen ist das Bassregister dazu da, den höher liegenden Stimmen ihren Bezugspunkt zu geben. Verschiedene Bassfrequenzen führen deshalb oft nicht nur zu einem diffusen Klang, sondern beeinträchtigen darüber hinaus auch das Resonanzverhalten der Oberstimmen.

6.5 Kombinationen und Mischsätze

Die gemeinsame Verwendung von verschiedenen Instrumenten ermöglicht es, die Vielfalt an Klangfarben innerhalb eines Arrangements erheblich zu vergrößern. Dabei ist zu berücksichtigen, dass sich verschiedene Instrumente unterschiedlich gut miteinander mischen. Im Hinblick auf die drei Instrumentengruppen Blechbläser, Holzbläser und Streicher gilt Folgendes:

- Holz- und Blechbläser mischen sich gut. Ihre Kombination führt zu komplexer Resonanz der Klänge, bei dem die Blechfarbe dominiert, aber von der Holzfarbe abgemildert wird.
- Holzbläser und Streicher mischen sich besonders gut. Jede solche Kombination erweist sich als günstig. Die Holzbläser verstärken die Resonanz der Streichinstrumente und kräftigen deren Ton. Im Gegenzug wird der Ton der Holzbläser durch die Streicherfarbe abgemildert.
- Streicher und Blechbläser mischen sich wenig. Aufgrund der unterschiedlichen Klangfarbe kann ihre Kombination niemals ein derart geschlossenes Klangbild vermitteln, wie etwa die von Streichern und Holzbläsern. Beide Klangfarben werden eher separat zu hören sein.
- Die Kombination von Streichern mit Blech- und Holzbläsern erweist sich hingegen als günstig. Sie klingt besonders voll und kräftig, wobei die Holzfarbe gewissermaßen zwischen Blech und Streichern vermittelt, sodass ein geschlossenes Klangbild entsteht.

Eine detailliertere Aufschlüsselung der Mischfähigkeit verschiedener Instrumente zeigt die folgende Darstellung. Je größer der Abstand zwischen zwei Instrumenten ist, desto weniger mischen sich tendenziell ihre Klangfarben:

Trompeten – Flügelhörner/Posaunen – Saxophone – Klarinetten – Flöten – Streicher

Dies kann allerdings nur als grober Anhaltspunkt dienen. Insbesondere die Verwendung von Dämpfern verändert das Mischverhalten von Blechbläsern erheblich. So mischt sich beispielsweise eine Trompete mit Straight Mute besonders gut mit Flöten.

Auch wenn die Kombination von Instrumenten, die sich gut mischen, sicherlich bevorzugt wird, bedeutet dies nicht, dass andere Kombinationen grundsätzlich zu vermeiden sind. Bei geringerer Mischung bleibt die jeweilige Farbe der beteiligten Instrumente abgegrenzter erhalten, was ebenfalls ein beabsichtigter Effekt sein kann.

Grundsätzlich sollte man bei der Kombination verschiedener Instrumente darauf achten, dass sie sich in ähnlichen Bereichen ihres jeweiligen Tonumfangs bewegen. Ein Instrument in einem schwachen und weicheren Register mit einem Instrument in einem starken und scharfen Register zu kombinieren, wird selten überzeugend klingen.

Wenn verschiedene Instrumente dieselbe Stimme spielen, so ist genau zu überlegen, welche Farbe wie stark vertreten sein soll. In vielen Fällen wird man ein ausgewogenes Mischungsverhältnis anstreben. Dann muss bei der Mischung unterschiedlich durchsetzungsstarker Instrumente ein entsprechender Ausgleich vorgenommen werden. So kann es sinnvoll sein, die schwächeren Instrumente mehrfach zu besetzen oder die Dynamik um eine Stufe lauter zu notieren. Ein stärkerer Unterschied in der Dynamik ist dagegen eher zu vermeiden, da dies oft zu einem inhomogenen Klangbild führt.

Es ist auch möglich, mit sich verändernden Mischungsverhältnissen zu arbeiten. So kann in einen liegenden Klang die Farbe anderer Instrumente hineingeblendet werden. Dabei ändert sich allerdings auch die Lautstärke. Ein besonderer Effekt entsteht, wenn man eine Instrumentengruppe im Crescendo spielen lässt und eine andere mit den gleichen Tönen etwas später in schnellerem Crescendo hinzusetzt. Dies führt zu einem Klang, der anschwillt und gleichzeitig seine Farbe verändert.

Bei der Mischung zweier Instrumentengruppen in einem mehrstimmigen Satz ist es auch möglich, nicht alle Stimmen mit Instrumenten aus beiden Gruppen zu besetzen. Für das Klangbild ausschlaggebend ist dann, wie viele Stimmen gemeinsam und wie viele von nur einer Instrumentengruppe gespielt werden. Grundsätzlich gilt, dass eine Stimme, die nur von einer Instrumentengruppe vorgetragen wird, deren Farbe im Gesamtklang klarer erkennbar werden lässt. Werden allerdings mehrere Stimmen nur von einer Instrumentengruppe gespielt, besteht leicht die Gefahr, dass das Klangbild einer homogenen Mischung verloren geht.

Eine besondere Form der Kombination verschiedener Instrumente sind so genannte *Mischsätze*. Sie sind für moderne Arrangements – vor allem im Bigbandbereich – typisch. Wie der Name schon sagt, werden dabei Sätze gebildet, die nicht aus gleichen, sondern aus verschiedenen Instrumenten bestehen. Dadurch wird die Palette der Klangfarben eines Ensembles erweitert. Die Funktionsweise solcher Mischsätze unterscheidet sich nicht von denjenigen, die nur aus gleichen Instrumenten zusammengesetzt sind. Das heißt, man kann einen Mischsatz, genau wie einen reinen Trompeten-, Posaunen- und Saxophonsatz, im Unisono, im Oktavunisono, im Block-, Shearing-, Drop-2-Satz etc. spielen lassen. Insbesondere ist darauf Acht zu geben, dass jeder Mischsatz für sich genommen gut klingen muss. Zu beachten ist allerdings, dass bei der Interaktion (z. B. Call & Response) verschiedener Mischsätze diese so zusammengesetzt werden sollten, dass sie sich klanglich hinreichend voneinander unterscheiden. Andernfalls lassen sie sich beim Hören nicht gut auseinanderhalten, was meist unbefriedigend wirkt.

Es ist weder möglich noch sinnvoll sämtliche Kombinationen verschiedener Instrumente sowie alle Möglichkeiten von Stimmverteilung und -verdopplung im Einzelnen zu erörtern. Allerdings lassen sich einige grundlegende Anhaltspunkte anführen, die für das Erreichen überzeugender Klangresultate bei der Bildung von Mischsätzen hilfreich sind. Diese sollen im Folgenden erörtert werden.

Unterschiedliche Instrumentierungsansätze ergeben sich vor allem daraus, ob die Funktion eines Klangs eher harmonisch oder eher melodisch angelegt ist. Soll ein Mischsatz etwa eine Klangfläche bilden, die primär die Aufgabe hat, Harmonik darzustellen, so kann es sinnvoll sein, die Funktionstöne gleichen oder ähnlichen Instrumenten (eventuell auch mit mehr Klangfülle) zu überlassen, wohingegen Optionen und Alterationen mit anderen Instrumenten besetzt werden. Im Falle von stationärer Harmonik mit wandernden Stimmen ist es hingegen empfehlenswert, die liegenden Stimmen mit einer, die wandernden mit einer anderen Klangfarbe zu besetzen. Welche Klangfarbe die kräftigere ist, entscheidet darüber, ob der statische oder der dynamische Teil der Harmonie betont wird.

Wird hingegen eine melodisch aktive Oberstimme mehrstimmig ausgesetzt (z. B. in Four Part Close), so ist weitgehend vorherbestimmt, welche Töne eines Akkordes von welcher Stimme besetzt werden. Die Einbeziehung harmonischer Aspekte bei der Zusammensetzung des Mischsatzes muss und kann folglich außer Acht gelassen werden. Es lohnt sich, für diesen Fall die Mischungsverhältnisse für sich genommen genauer zu betrachten. Kombiniert man zwei Paare aus gleichen Instrumenten, so sind drei grundsätzliche Anordnungsweisen möglich, die als Überlagerung, Kreuzung und Einschluss bezeichnet werden können. Diese veranschaulicht Notenbeispiel 100.

NB. 100: Drei grundsätzliche Anordnungsweisen

Überlagerung   Kreuzung   Einschluss

In enger Lage sind alle drei Anordnungen günstig. Die Kreuzung vermischt die Klangfarben am meisten, die Überlagerung trennt sie eher. Der Einschluss hingegen betont das Zusammenwirken der Außenstimmen. Dabei sollte besonders darauf geachtet werden, dass sich keine der Außenstimmen im Randbereich des möglichen Tonumfangs bewegt, da sie sich sonst schlecht mit der anderen Außenstimme (gleiches Instrument in größerem Abstand) mischt.

In weiteren Lagen (z. B. Drop 2) ist die Überlagerung vorzuziehen, da sie bei entsprechender Instrumentierung zu einer Ausgewogenheit der Register führt. Kreuzung und Einschluss erzeugen leicht einen zu großen Abstand zwischen gleichen Instrumenten und führen somit zu einer lückenhaften klanglichen Beziehung. Ein Einschluss kann hingegen dann geeignet sein, wenn er durch zwei unterschiedliche Instrumente in den Außenstimmen entsteht. Dadurch wird vermieden, dass zwei gleiche Instrumente in zu weit auseinanderliegenden Registern spielen.

Auch andere Kombinationen von drei oder auch vier verschiedenen Instrumenten sind möglich. Dabei erzeugt die enge Lage eher ein geschlossenes Klangbild, sofern die Register der Instrumente miteinander korrespondieren. In weiter Lage werden die Stimmen zusätzlich zur unterschiedlichen Klangfarbe auch noch durch den Abstand voneinander getrennt, was der klanglichen Geschlossenheit entgegenwirkt. In hohen Lagen sind diese Abstände jedoch weniger wahrnehmbar, weshalb diese dann zu bevorzugen sind.

Abschließend kann man feststellen, dass die klangliche Ausgewogenheit in der Zusammenstellung von Mischsätzen bei länger ausgehaltenen Klängen von größerer Bedeutung ist als bei rhythmisch aktiveren Passagen. Bei kurzen und unverbundenen Klängen spielt der Aspekt der Resonanz eine weniger wichtige Rolle; er sollte jedoch auch dort nicht gänzlich vernachlässigt werden.

6.6 Vocals

Mit der menschlichen Stimme lassen sich mehr verschiedene Klänge erzeugen als auf jedem Instrument. Dieses Klangspektrum wird durch den im Jazz/Rock/Popbereich üblichen Einsatz von Mikrofonen noch erweitert, mit deren Hilfe auch sehr leise Stimmklänge in jeder Lautstärke wiedergegeben werden können.

Sänger steuern die Intonation zumeist fast ausschließlich über das Gehör (im Gegensatz zu Instrumenten, bei denen etwa ein bestimmter Griff die gewünschte Tonhöhe liefert). Daher ist beim Schreiben von Vocalarrangements darauf zu achten, dass den Sängern stets ein klangliches Umfeld geboten wird, aus dem heraus sie ihren Ton leicht ableiten können.

Es ist besonders zu berücksichtigen, dass sich der Klang der menschlichen Stimme in verschiedenen Lagen noch stärker unterscheidet als dies schon bei vielen Instrumenten der Fall ist. In Grenzbereichen entstehen leicht Intonationsprobleme. Tiefe Lagen führen darüber hinaus zu einem wenig durchsetzungsstarken Klang, hohe Lagen hingegen klingen kräftiger, aber auch aggressiver. Außerdem benötigen Sänger genau wie Bläser hinreichende Pausen zum Atmen.

Hinsichtlich der Notation bildet der Text eine Besonderheit. Er wird unter die zugehörigen Noten geschrieben, wobei durch Trenn- und Haltestiche angezeigt wird, wenn ein Wort bzw. eine Silbe auf verschiedene Töne aufgeteilt wird. Dies veranschaulicht Notenbeispiel 101.

NB. 101: Textnotation

6.6.1 Solo Vocals

Solo Vocals haben zumeist die Aufgabe, das Thema vorzutragen. Der Text hat eine Dramaturgie, die sich in der Gestaltung der Gesangsstimme niederschlagen sollte. Von besonderer Bedeutung ist dabei die Tonlagendisposition. Es ist günstig, wenn die verschiedenen Energieniveaus im Verlauf des Stückes mit entsprechenden Stimmregistern einhergehen. Die Wahl der Tonart bzw. der Tonarten sollte sich daher in erster Linie am passenden Stimmklang ausrichten. Wenn man für eine bestimmte Sängerin oder für einen bestimmten Sänger schreibt, kann man die jeweilige stimmliche Disposition in die Planung individuell mit einbeziehen. Ist dies nicht der Fall, so kann man sich an den in Notenbeispiel 102 dargestellten Tonumfängen orientieren.

NB. 102: Tonumfang für Solo Vocals

| hohe Frauenstimme | tiefe Frauenstimme | hohe Männerstimme | tiefe Männerstimme |

Die Töne der eckigen Noten sollten nur verwendet werden, wenn der dabei entstehende schwache bzw. angestrengte Klang der Musik entspricht.

Der Vortrag eines Themas wird von Sängern oft freier genommen als von Instrumentalisten (zumindest, wenn Letztere dabei im Satz spielen). Daher sollte man beim Schreiben versuchen, der Stimme Raum zur interpretatorischen Entfaltung zu geben und sie nicht in eine allzu ausgeklügelte motivische Interaktion zwischen Gesang und Begleitung zu involvieren.

Die Verwendung von Mikrofonen ermöglicht es einem Sänger, sich auch etwa gegenüber einer Blechsektion durchzusetzen. Allerdings sollte ein direktes Aufeinandertreffen trotzdem nicht die Regel sein. Wann immer nämlich der Gesang einsetzt, sollte er möglichst im Vordergrund stehen.

In Jazzarrangements werden Sängerin oder Sänger teilweise auch zu einer Soloimprovisation herangezogen. Ihre Soli sind dabei Instrumentalsoli vergleichbar. Da manche Vokalisten mit dem freien Solieren und dem damit verbundenen Einsatz von Scat-Silben nicht vertraut sind, ist es sinnvoll, einen entsprechenden Solopart in den Noten so anzulegen, dass er auch von einem Instrument übernommen werden kann.

6.6.2 Background Vocals

Für Background Vocals gelten zwar grundsätzlich dieselben Stimmumfänge wie für Solo Vocals (s. Notenbeispiel 102), allerdings bewegen sie sich zumeist in bequemen Stimmlagen. Daher werden insbesondere die oberen Randbereiche der Stimmumfänge in der Regel vermieden.

Background Vocals werden meistens in Zusammenhang mit Solo Vocals eingesetzt. Sie bilden eine Sektion und funktionieren nach dem gleichen Prinzip wie eine Bläser- oder Streichersektion. Sie können mit dem Sologesang einen homophonen Satz bilden (*aussetzen*) sowie diesen *begleiten* oder *kontrapunktieren*. Background Vocals agieren für sich genommen häufig homophon. Sie verwenden oft Ausschnitte aus dem Text des Sologesangs. Dabei ist darauf zu achten, dass keine Konflikte mit der Textverständlichkeit im Sologesang auftreten. Gerade bei breiteren Klängen (Pads und untermalende Backings) werden oft auch einfach nur einzelne Vokale ausgehalten. Der unterschiedliche Klang verschiedener Vokale trägt dazu bei, einem Begleitsatz eine bestimmte Farbe zu verleihen. Sie werden wie bei der Textnotation unter die entsprechenden Noten z. B. als »uh« oder »ah« notiert. Außerdem wird auch das Summen (Humming) gerne verwendet, das im Notentext zumeist mit »hm« dargestellt wird.

Heraustretendere Backings benötigen oft mehr Attack im Klang. Daher wird den Vokalen häufig ein Konsonant wie »d« oder »b« vorgeschaltet. Darüber hinaus wird oft die Phrasierung anderer Instrumente durch entsprechende Silben imitiert.

Ostinate Figuren bedienen sich häufig typischer Scat-Silben. Dabei sollten die Silben so gewählt werden, dass das Klangbild einer Figur unterstützt wird. Zackigen Rhythmen entsprechen spitze Silben, warmen Linien hingegen eher weiche Konsonanten und tiefe Vokale. Des Weiteren sollten sie gut von der Zunge gehen, damit ein Ostinato den nötigen Fluss bekommt.

Um das Atmen eines Chorsatzes zu synchronisieren, können Atemzeichen in den Notentext eingefügt werden. Häufig kann darauf aber verzichtet werden, da sich die Atmung aus den vorhandenen Pausen ergibt. Bei länger andauernden Klangflächen oder Ostinati besteht auch die Möglichkeit des chorischen Atmens[45]. Hierfür sollte jedoch jede Stimme ausreichend mehrfach besetzt sein.

Vokalsätze klingen häufig gerade in engerer Lage gut. Zu weite Lagen hingegen wirken manchmal schwächer und etwas leer. Sehr effektiv kann die Verwendung von Sekundreibungen sein. Allerdings erfordert dies von den Akteuren gute Intonationsfähigkeiten. Diesem Aspekt sollte man beim Schreiben durch einen gut hörbaren Fluss jeder einzelnen Stimme entgegenkommen. Dissonanzen müssen zwar nicht im klassischen Sinne vorbereitet werden, das Erreichen eines mit anderen Stimmen dissonierenden Tons im Sprung erschwert jedoch das Intonieren erheblich und ist daher nach Möglichkeit zu vermeiden.

---

45 Unter chorischem Atmen versteht man eine Atemtechnik für Chorsänger (oder auch Bläser) einer mehrfach besetzten Stimmgruppe, bei der für den Zuhörer im akustischen Gesamtbild keine Atempausen erkennbar sind. Dazu werden die Musiker angewiesen, nicht an den für das Luftholen prädestinierten Stellen zu atmen, sondern an beliebigen anderen, die jeder Musiker für sich auswählt. So entsteht ein scheinbar durchgängiger Musikfluss ohne Pausen.

6.6.3 A cappella

A-cappella-Arrangements enthalten stets Solo und Background Vocals. In den Abschnitten 6.6.1 und 6.6.2 wurden diese beiden Themen bereits erörtert. Außerdem handelt es sich um Arrangements ohne Rhythmusgruppe. Die damit verbundenen Besonderheiten werden unter 8.2 erläutert. Vor dem Lesen dieses Abschnitts sollte man daher mit den zuvor genannten vertraut sein.

A-cappella-Stücke können sich unterschiedlichster Arrangiertechniken bedienen. Aussetzen und Begleiten einer Melodie im homophonen Satz ist genauso möglich wie das kontrapunktische Führen mehrerer Stimmen. Dabei ist immer darauf zu achten, dass ausreichend Möglichkeiten zum Atmen vorhanden sind. Allerdings dürfen gerade bei homophonen Stellen die Pausen nicht zu groß sein, damit der rhythmische Puls nicht verloren geht.

Des Weiteren muss die Textverständlichkeit gewährleistet sein. Beim fugenartigen Führen mehrerer Stimmen können diesbezüglich schnell Probleme entstehen. An solchen Stellen lässt es sich manchmal kaum vermeiden, dass sich Texte überlappen. Der verwendete Textausschnitt sollte dann allerdings eher kurz sein und in den verschiedenen Stimmen wiederkehren. Das Einbringen von komplexeren oder neuen Wortphrasen ist besser zu vermeiden. Auch ist darauf zu achten, dass verschiedene Silben nicht in ungünstiger Weise parallel erklingen. Wenn eine Stimme »Herz« und eine andere »Schmach« singt, kann dies leicht nach »Schmerz« oder »Scherz« klingen.[46]

A-cappella-Arrangements sind nicht zuletzt wegen ihrer meist geringen Stimmenzahl recht transparent. Umso wichtiger ist es, einen schlüssigen Verlauf der beiden Außenstimmen für sich genommen und im Zusammenklang zu gewährleisten.

Manche A-cappella-Arrangements bilden eine Rhythmusgruppe nach. Der Bass imitiert zuweilen mittels entsprechender Silben den Klang eines Kontra- oder E-Basses. Dabei kann das rhythmische Moment auch durch die Verwendung von Ghost Notes[47] gesteigert werden. Im Übrigen kann man auch ein Schlagzeug etwa durch die Silben »dun – tz – ka – tz« nachahmen. Alle Formen von Vocalpercussion, Beatbox, aber auch Bodypercussion stehen ebenfalls zur Verfügung. Aber auch ein Satz im Stide Piano Style lässt sich imitieren.

Die Melodie muss im Verlauf eines A-cappella-Arrangements keineswegs immer von der Oberstimme vorgetragen werden. Der Wechsel der Melodie durch verschiedene Stimmen ist ein gerne verwendeter Effekt. Dabei kann es zu Stimmkreuzungen kommen. Diese sind mitunter sinnvoll, da die tiefere, aber hoch geführte Stimme an Durchsetzungskraft gewinnt und umgekehrt die höhere, aber tief geführte Stimme an Kraft verliert.

---

46 Vgl. Kaiser 2005, 144.
47 Ghost Notes sind Töne mit nicht klar definierter Tonhöhe.

7 Abschlussarbeiten

7.1 Stimmen- und Satzkontrolle

Nachdem ein Arrangement fertig geschrieben wurde, sollte man sich vor den Abschluss-arbeiten die drei Grundsätze des Arrangierens (s. 0.4) in Erinnerung rufen.

Der erste lautete: *Jede Stimme muss gut spielbar sein*. Es gehört zu den Abschlussarbei-ten, die Realisierbarkeit der einzelnen Stimmen auf den verschiedenen Instrumenten zu überprüfen. Ein an sich gelungener Satz wird nicht gut klingen, wenn spieltechnische Probleme bei den verwendeten Instrumenten auftreten.

Der zweite Grundsatz lautete: *Jede Stimme muss für sich genommen gut klingen*. Um diesen Grundsatz einzulösen, singe man jede einzelne Stimme des Arrangements durch. Stellen, an denen das Singen Schwierigkeiten bereitet, sollten überarbeitet werden. In be-stimmten Fällen kann es sein, dass eine Stimmenkreuzung (Crossing) bei insgesamt glei-chem Tonmaterial die Einzelstimmen flüssiger macht.

Der dritte Grundsatz lautete: *Jeder Satz muss für sich genommen gut klingen*. Dies zu kontrollieren macht zumeist mehr Mühe. Eine gute Methode ist es, jeden Satz am Kla-vier zu spielen. Dabei erhält man nicht nur ein akustisches, sondern auch ein optisches und haptisches Feedback. Das Schreiben am Computer hingegen ermöglicht es, die ein-zelnen Sätze via Midi abzuspielen, was das Procedere erheblich vereinfacht. In jedem Fall sollten auch die kombinierten Sätze wie Blech und Außenstimmen bei der Kon-trolle nicht vergessen werden.

7.2 Artikulation und Phrasierung

Nach der Stimmen- und Satzkontrolle sollte man Artikulation und Phrasierung über-prüfen. Es kann durchaus sinnvoll sein, entsprechende Zeichen erst zu diesem Zeit-punkt einzufügen. Der Arbeitsaufwand hierfür kann durchaus beträchtlich sein. Trotz-dem sollte man keine Mühe scheuen. Minimallösungen sind nicht angebracht, haben doch Artikulation und Phrasierung eine große Auswirkung auf den Gesamtklang.

Während der Überprüfung von Artikulation und Phrasierung kann man gleichzei-tig die rhythmische Gestaltung der verwendeten Melodielinien kontrollieren (melodi-scher Rhythmus; s. 4.2). Dabei kann es sein, dass an bestimmten Stellen vielleicht ein Downbeat doch besser zu einem Offbeat verändert wird oder umgekehrt. Erfahrene Ar-rangeure berichten, dass sie für diesen späten Arbeitsschritt häufig sehr viel Zeit verwen-den. Eine Zusammenstellung aller gängigen Phrasierungs- und Artikulationszeichen be-findet sich im Anhang unter 8.5.

7.3 Erstellen der Partitur

Es gibt verschiedene Arten von Partituren. Man spricht von einer geschlossenen Partitur, wenn die einzelnen Stimmen eines Satzes in einem Notensystem zusammengefasst sind. Dies erleichtert den Überblick über die harmonischen Zusammenhänge innerhalb der verschiedenen Sätze. Gerade für den weniger geübten Arrangeur ist es empfehlenswert, die Arbeiten zunächst an einer geschlossenen Partitur auszuführen. Bei einer offenen Partitur – dort steht jede Stimme in einem eigenen System – hingegen ist der Verlauf der Einzelstimmen besser nachvollziehbar. Daher ist gerade die abschließende Einzelstimmenkontrolle eher an einer offenen Partitur zu empfehlen. Das heute weit verbreitete Schreiben am Computer ermöglicht auf einfache Weise das Transformieren einer geschlossenen Partitur in eine offene.

Ebenfalls zu unterscheiden ist zwischen einer transponierten und einer klingenden Partitur. Die transponierte Partitur wird oft von Dirigenten und Bandleadern bevorzugt, da in dieser Partitur jede Stimme genauso notiert ist wie in der Einzelstimme. Dies vereinfacht die Kommunikation mit den Spielern während der Probenarbeit. Außerdem tauchen in einer transponierten Partitur meist wesentlich weniger Hilfslinien auf, was die Übersichtlichkeit verbessert. Eine klingende Partitur hingegen erleichtert oft die Arbeit während des Arrangierens. Der Arrangeur bekommt einen besseren Überblick über die Stimmverteilung, da z. B. höhere Töne im Notensystem auch wirklich höher stehen. Arrangeure, die selbst von einem Blasinstrument herkommen, bevorzugen jedoch mitunter das Arbeiten an einer transponierten Partitur. Beim Arrangieren am Computer mit modernen Notationsprogrammen bedeutet der Übergang von einer klingenden in eine transponierte Partitur zumeist nur einen Mausklick.

Notenbeispiel 103 zeigt zur Veranschaulichung eine geschlossene klingende Partitur. Zum Vergleich präsentiert Notenbeispiel 104 denselben musikalischen Ausschnitt in einer offenen transponierten Partitur.

NB. 103: Geschlossene klingende Partitur

NB. 104: Offene transponierte Partitur

Partituren für größere Besetzungen werden häufig im Querformat gedruckt, da so mehr Takte auf einer Seite Platz haben. Die Lesbarkeit verbessert sich, wenn acht Takte pro Zeile notiert werden, sofern dies dem formalen Ablauf entspricht. Allerdings bleibt dieser Aspekt häufig aus Platzgründen unberücksichtigt. Alle Formteilenden sind mit einem doppelten Taktstrich zu versehen. Die Probearbeit wird durch so genannte Rehersal Marks erleichtert. Dies sind fortlaufende Großbuchstaben, die in einem Kästchen zu Beginn eines jeden Formteils notiert werden. Vorzeichen und Taktzahlen gehören an den Beginn jeder Zeile. Die Taktart wird zumeist nur am Anfang der ersten Zeile und bei Taktwechseln angezeigt. Innerhalb einer Partitur kann der Übersichtlichkeit halber mit »Faulenzern« gearbeitet werden. Diese geben an, dass der vorherige Takt noch einmal gespielt werden soll. Es gibt auch Doppel- oder Mehrfachfaulenzer. Diese werden zumeist auf dem Taktstrich notiert und bedeuten, dass zwei (oder mehr) Takte wiederholt werden sollen. Wie solche Faulenzer aussehen, zeigt Notenbeispiel 105.[48]

NB. 105: Faulenzer

einfach   doppelt   vierfach

Die Verwendung von Mehrfachpausen (s. 7.4) ist nicht sinnvoll, da in einer Partitur dadurch kein Platz gespart werden kann. Alle Phrasierungs- und Artikulationszeichen gehören ebenfalls in die Partitur.

In die Mitte der ersten Seite oben wird der Titel des Stücks gesetzt. Rechts daneben und kleiner stehen Komponist, Arrangeur und eventuell der Texter, links Tempoangabe und Stilistik.

7.4 Erstellen der Einzelstimmen

Die Einzelstimmen eines Arrangements werden zumeist im Hochformat gedruckt. Die im Vergleich zum Querformat kürzeren Zeilen sind leichter zu lesen. Des Weiteren verbessert sich die Lesbarkeit, wenn vier Takte pro Zeile notiert werden, sofern dies dem formalen Ablauf entspricht. Allerdings benötigt dies sehr viel Platz. Da meistens nur zwei oder drei Seiten auf einem Notenpult Platz haben und häufiges Umblättern unpraktisch ist, kann dieser Aspekt allerdings nur selten berücksichtigt werden. Wie in der Partitur sind auch in den Einzelstimmen alle Formteilenden mit einem doppelten Taktstrich zu versehen. Auch die Rehersal Marks (fortlaufende Großbuchstaben in Kästchen) werden zu Beginn eines jeden Formteils notiert. Vorzeichen und Taktzahlen gehören an den Beginn jeder Zeile. Die Taktart wird zumeist nur am Anfang der ersten Zeile und bei Taktwechseln angezeigt. Innerhalb einer Einzelstimme kann der Übersichtlichkeit halber mit Faulenzern (s. 7.3) gearbeitet werden. Wenn ein Instrument über eine Passage hinweg pausiert, kann auch eine Mehrfachpause verwendet werden. Dies spart Platz und erleichtert es, den folgenden Einsatz zu bekommen. Wie eine Mehrfachpause notiert wird, zeigt Notenbeispiel 106.

---

48   Bei Vier- und Mehrfachfaulenzern wird oft auch die Anzahl der Takte über dem System notiert.

NB. 106: Mehrfachpause

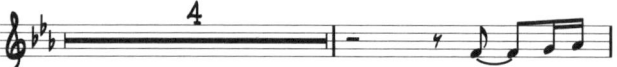

Oben in die Mitte der ersten Seite gehört der Titel des Stücks. Rechts daneben und kleiner stehen Komponist, Arrangeur und eventuell der Texter. Links sind Name des ausführenden Instruments, Tempoangabe und Stilistik notiert.

8 Anhang

8.1 Besonderheiten bei Balladen

Balladen zeichnen sich durch ein langsames Tempo und eine zumeist intime Atmosphäre aus. Dies führt bei größeren Bestzungen zu einigen Besonderheiten, die es zu berücksichtigen gilt.

Bläser haben oft Schwierigkeiten, lange Noten zu spielen. Außerdem wirkt ihr Klang dabei leicht zu massiv (»wall of sound«). Beides trifft besonders auf Blechbläser zu. Sie eignen sich daher weniger dazu, Klangflächen zu bilden. Da Streicher oft nicht greifbar sind, werden häufig die Saxophone dafür herangezogen. Klangflächen können auf Dauer jedoch auch für Saxophone anstrengend werden. Daher steigern viele Balladenarrangements im Verlauf die rhythmische Aktivität. Sie nehmen dabei häufig einen typischen Verlauf, der im Folgengen aufgezeigt werden soll.

Oft wird das Thema zumindest teilweise von einem einzelnen Instrument solistisch vorgetragen. Dadurch entsteht ein Feature für den Spieler, der das langsame Tempo zu freier Gestaltung hinsichtlich Phrasierung und Verzierung nutzen kann. Begleitet wird er dabei zunächst im Wesentlichen nur von der Rhythmusgruppe, was der intimen Atmosphäre entgegenkommt. Im weiteren Verlauf kommen dann in bestimmten Abschnitten die Saxophone mit Pads oder untermalenden Backings hinzu. Dies bewirkt eine Steigerung. Das Blech wird dabei eher wenig und wenn, dann zur Auflockerung eingesetzt. Um die Bläsersektionen besser und vielfältiger verwenden zu können, wechseln viele Arrangements irgendwann in ein Double Time Feel. Dabei wird einerseits dem gefeatureden Solisten die Möglichkeit gegeben, sich in einem anderen Tempo zu präsentieren. Andererseits können die Bläsersektionen – insbesondere das Blech – für Backings herangezogen werden, die ihnen mehr entgegenkommen. Häufig enden solche Arrangements mit einer Rückkehr ins Half Time Feel, was dann wie eine Reminiszenz an die ursprüngliche Atmosphäre des Anfangs wirkt.

8.2 Besonderheiten bei fehlender Rhythmusgruppe

Die Rhythmusgruppe hat vor allem die Funktion, eine harmonische und rhythmische Basis für ein Ensemble zu liefern. Fehlt diese Sektion, kann dies auf zweierlei Arten kompensiert werden. Entweder andere Instrumente übernehmen die Funktion, oder die Funktion wird durch andere Instrumente nur angedeutet. Gerade bei kleineren Bestzungen wie etwa einem Saxophonquartett oder einem A-cappella-Ensemble besteht die Kunst oft im geschickten Weglassen. Im Hinblick auf die harmonische Gestaltung führe man sich vor Augen, dass die meisten Akkorde sehr gut durch nur zwei Töne (v. a.

Terz und Septime) über einem Grundton dargestellt werden können. Im Übrigen kann gerade der Grundton mitunter auch fehlen, ohne dass daraus ein allzu unvollständiges Klangbild resultiert. In rhythmischer Hinsicht ist es zumeist nicht notwendig, das Fehlen des Schlagzeugs zu kompensieren. Es bedarf keiner durchgehenden rhythmischen Figuren, wie man sie von Becken oder Hi-Hat kennt, um dem Hörer die Subdivisions eines Grooves klarzumachen. Einfache Grooves wie etwas der Stride Piano Style – auch in halben Noten – können sehr effektiv sein. Insgesamt ist zu beachten, dass keine allzu langen Pausen in allen Stimmen gleichzeitig vorkommen, da darunter das Timing leidet. Nichtsdestotrotz ist bei Bläser- und Vocalensembles darauf zu achten, dass genügend Zeit zum Atmen vorhanden ist. An bestimmten Stellen und bei etwas größeren Besetzungen besteht außerdem die Möglichkeit zu chorischem Atmen[49].

Gerade Blechbläser sollten nicht zu stark durch das Spielen langer Phrasen oder hoher Töne gefordert werden. Die Möglichkeiten für Erholungspausen sind in einer kleineren Besetzung häufig geringer. Saxophone sind davon etwas weniger betroffen, Streicher hingegen gar nicht.

Bei einer kleineren Besetzung sollten Voicings nicht zu weit gesetzt sein. Enge Lage und Drop 2 Voicings sind gut funktionierende Optionen, da sie in sich recht kompakt und schlüssig wirken – häufig auch ohne Grundton. Sekundreibungen haben dabei oft eine sehr gute Wirkung.

Trotz der häufig geringen Stimmenzahl kann man sich vielfältiger Varianten des Aussetzens, Begleitens und Kontrapunktierens bedienen. Dabei ist es wichtiger, die verschiedenen Konzepte stringent zu verfolgen als durchgehend die Ebenen Bass, Harmonie und Melodie vollständig darzustellen.

Die Melodie muss nicht immer von der Oberstimme gespielt werden. Der Wechsel durch verschiedene Stimmen bewirkt Variantenreichtum. Wenn ein tieferes Instrument die Melodie spielt, kann durchaus eine etwas höhere Lage verwendet werden, um die notwendige Durchsetzungskraft zu gewährleisten (dabei kann es zu Stimmkreuzungen kommen). Dies ist bei der Tonartendisposition eines Arrangements zu berücksichtigen.

Ensembles ohne Rhythmusgruppe klingen oft sehr transparent. Folglich spielt die Registerwahl eine besondere Rolle, da sich das einzelne Instrument weniger im Gesamtklang verliert. Das Wissen um die klangliche Auswirkung verschiedener Lagen ist daher besonders wichtig. Außerdem ist in besonderem Maße darauf zu achten, dass die Außenstimmen für sich genommen sowie auch zusammen gut klingen.

---

49 Unter chorischem Atmen versteht man eine Atemtechnik für Chorsänger (oder auch Bläser) einer mehrfach besetzten Stimmgruppe, bei der für den Zuhörer im akustischen Gesamtbild keine Atempausen erkennbar sind. Dazu werden die Musiker angewiesen, nicht an den für das Luftholen prädestinierten Stellen zu atmen, sondern an beliebigen anderen, die jeder Musiker für sich auswählt. Dabei entsteht ein scheinbar durchgängiger Musikfluss ohne Pausen.

8.3 Besonderheiten bei Laienensembles

Wenn man für Laienensembles schreibt, sollte man besonders darauf achten, spieltechnische Schwierigkeiten, so gut es geht, zu vermeiden, um so den oft eher geringen Fertigkeiten der Ausführenden möglichst weit entgegenzukommen. Folgende Aspekte sind zu bedenken:

- Sowohl für Bläser als auch für Streicher sollten Töne in hohen Registern eher vermieden werden, da sie nicht nur schwerer zu spielen sind, sondern auch die Intonation häufig unsauber wird. Dies gilt für Bläser auch in tiefen Registern.
- Viele Instrumente klingen in verschiedenen Registern unterschiedlich laut. Versierte Spieler können dies kompensieren, Laien jedoch oft weniger. Daher ist es ratsam, z. B. eine leise Stelle so zu setzen und zu instrumentieren, dass die beteiligten Instrumente in dieser Lage gut leise spielen können.
- Die Länge der zu spielenden Phrasen sollte für Laienbläser deutlich reduziert sein, da die Atemtechnik oft weniger entwickelt ist und somit öfter Luft geholt werden muss. Der Arrangeur kann seine Phrasen und Pausen auf die richtige Länge hin überprüfen, indem er die Einzelstimmen singt und zwischendurch mäßig einatmet.
- Schnelle Läufe und größere Sprünge sind allgemein zu vermeiden, da sie auf den meisten Instrumenten technisch anspruchsvoll sind. So sollten tendenziell nicht mehr als sechs – besser sogar nur vier – Achtelnoten hintereinander kommen.
- Der Rhythmus sollte grundsätzlich elementar gestaltet sein. Das Spielen kann sehr erleichtert werden, wenn nur wenige rhythmische Figuren benutzt werden, die immer wieder vorkommen. Dies gilt insbesondere bei der Verwendung von Synkopen. Sie sind schwerer zu erfassen. Es kann je nach Stilistik aber oft kaum auf sie verzichtet werden. Wenn ein Spieler sich nur eine oder zwei etwas komplexere Figuren merken muss, wird dies zu weniger Fehlern führen.
- Die Stimmführung sollte singbar gestaltet sein. Eine Stimme, die man gut singen kann, ist im Allgemeinen auch leicht zu merken. Dies kann die Fehlerquote ebenfalls deutlich senken.
- Sowohl aus ästhetischer als auch aus praktischer Sicht ist es empfehlenswert, innerhalb eines Arrangements die verschiedenen Stimmen abwechselnd in den Vordergrund zu stellen. Dies sorgt für klangliche Abwechselung und schafft Raum für Phasen geringerer physischer und mentaler Belastung.

Bei einem Posaunenchor[50] ist zu beachten, dass es für die Instrumentalisten üblich ist, nur C-Stimmen zu lesen.

---

50 Als Posaunenchor wird oft ein gemischtes Blechbläserensemble bezeichnet, das häufig mit Musikvereinen oder Bläserwesen in der Kirche in Verbindung steht.

8.4 Tonumfangs- und Transpositionstabellen

NB. 107:

Instrument	klingend	notiert	Transposition

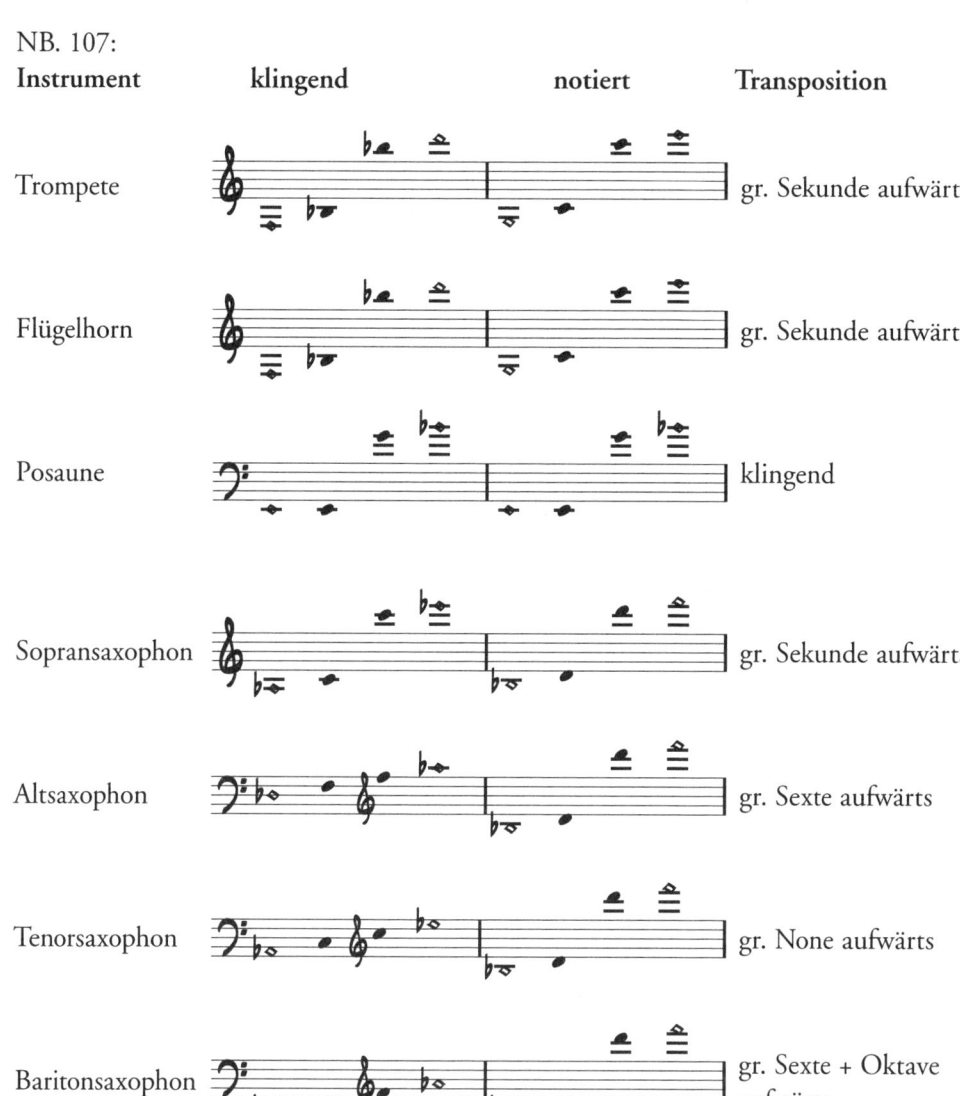

Trompete — gr. Sekunde aufwärts

Flügelhorn — gr. Sekunde aufwärts

Posaune — klingend

Sopransaxophon — gr. Sekunde aufwärts

Altsaxophon — gr. Sexte aufwärts

Tenorsaxophon — gr. None aufwärts

Baritonsaxophon — gr. Sexte + Oktave aufwärts

Instrument	klingend	notiert	Transposition

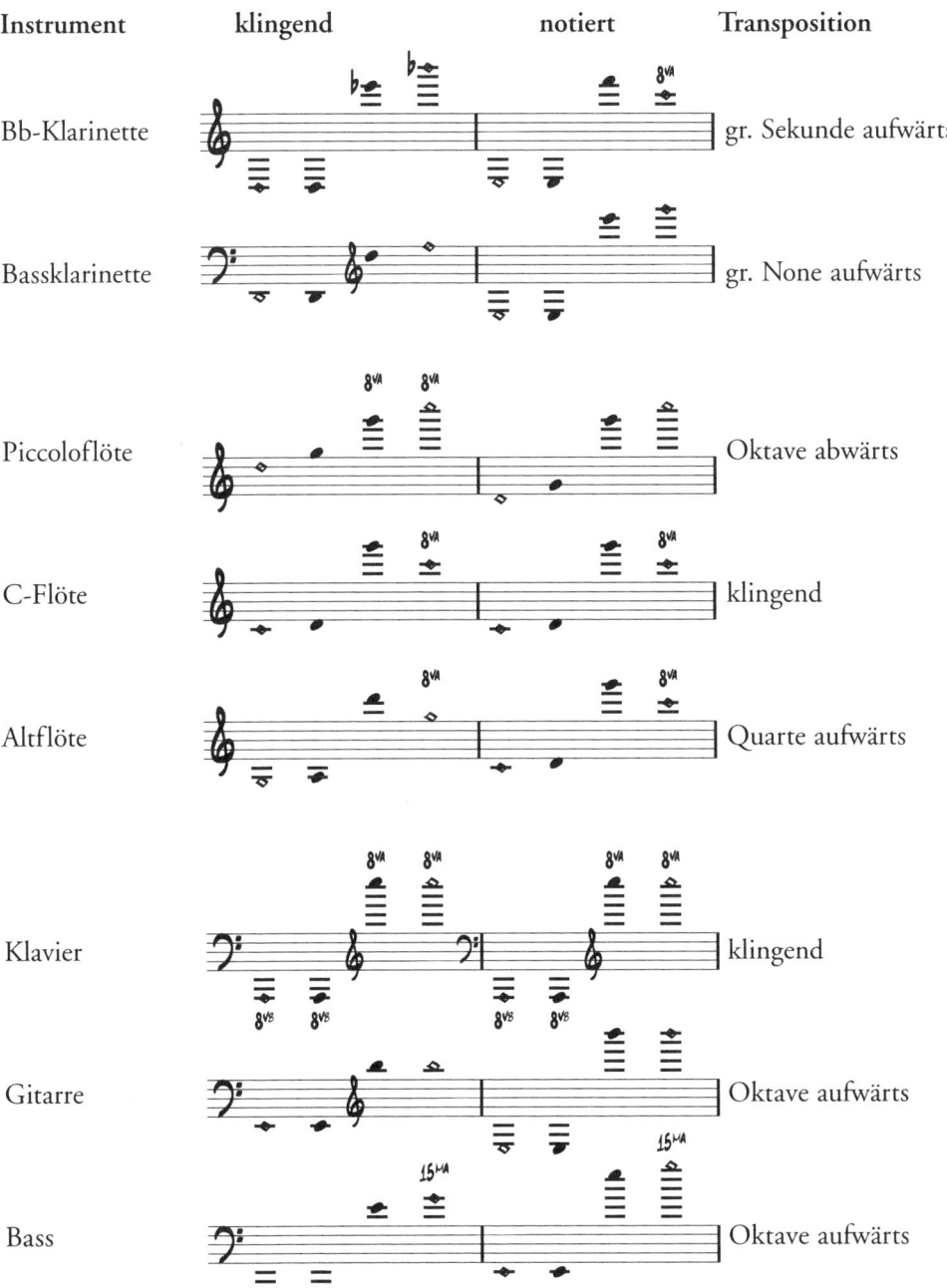

Bb-Klarinette — gr. Sekunde aufwärts

Bassklarinette — gr. None aufwärts

Piccoloflöte — Oktave abwärts

C-Flöte — klingend

Altflöte — Quarte aufwärts

Klavier — klingend

Gitarre — Oktave aufwärts

Bass — Oktave aufwärts

Instrument	klingend	notiert	Transposition

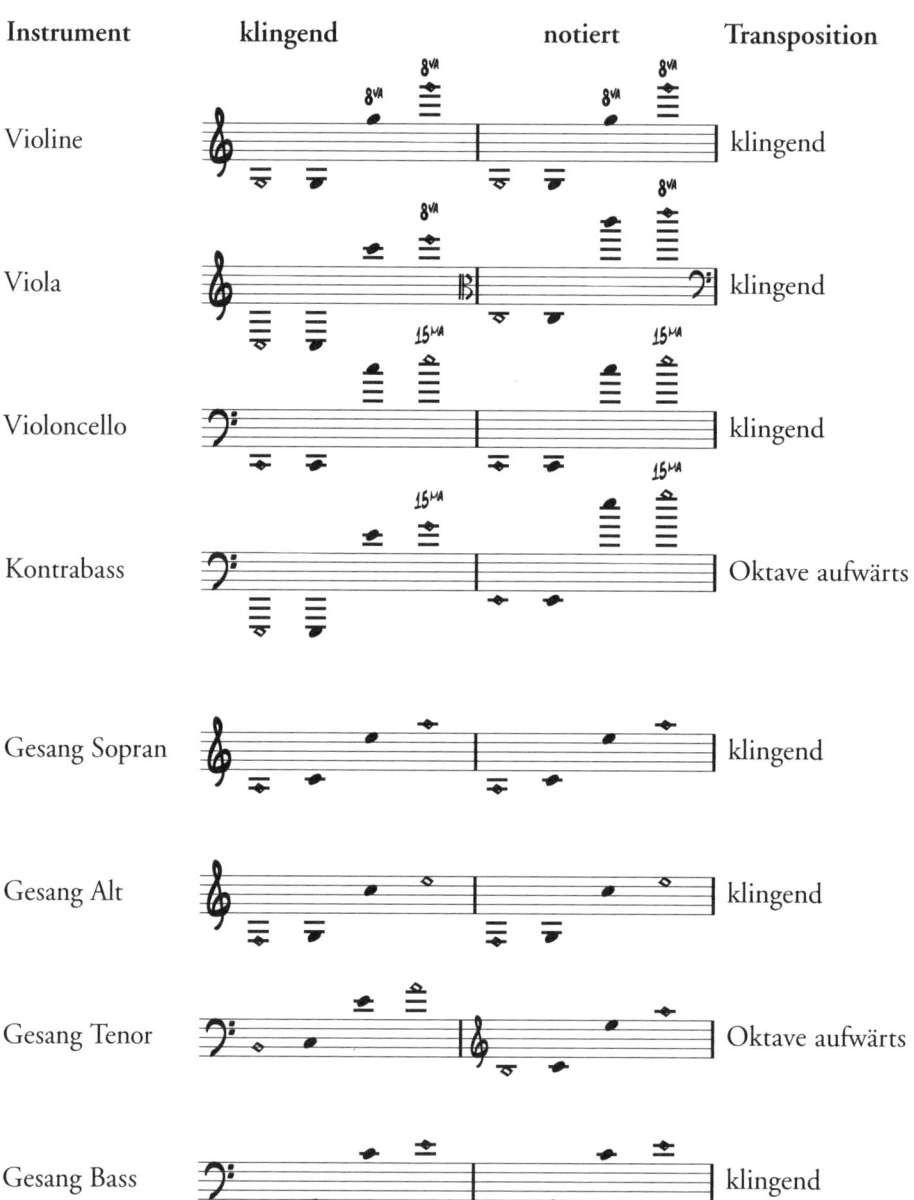

Violine — klingend

Viola — klingend

Violoncello — klingend

Kontrabass — Oktave aufwärts

Gesang Sopran — klingend

Gesang Alt — klingend

Gesang Tenor — Oktave aufwärts

Gesang Bass — klingend

8.5 Artikulationszeichen

NB. 108:

Akzent mit vollem Notenwert

Akzent mit Trennung

Staccato (kurz)

tenuto (voller Notenwert)

weich angestoßen mit vollem Notenwert

Shake (Lippentriller mit großem Intervall)

Doppelschlag

Doit (kurzes ausgeblendetes Glissando aufwärts)

Glissandi verschiedener Länge vom Ton weg abwärts

Glissandi verschiedener Länge zum Ton hin aufwärts

Plop (kurzes Hineingleiten in den Ton)

Ghost Notes (verschluckte Note)

Plunger oder Hand über Trichter (geschlossen und offen)

Bend (gebogener Ton abwärts und zurück)

8.6 Checkliste für Partitur und Einzelstimmen

* Titel des Stücks steht groß oben in der Mitte der ersten Seite.
* Komponist, Arrangeur und Texter stehen oben rechts auf der ersten Seite.
* Tempoangabe und Stilistik stehen oben links auf der ersten Seite.
* Notenschlüssel gehört an den Beginn jeder Zeile.
* Vorzeichen gehören an den Beginn jeder Zeile.
* Taktart wird nur am Anfang der ersten Zeile und bei Taktwechsel angezeigt.
* Taktzahlen gehören an den Beginn jeder Zeile.
* Doppelte Taktstriche markieren alle Formteilenden.
* Rehersal Marks (fortlaufende Großbuchstaben in einem Kästchen zu Beginn eines jeden Formteils) erleichtern die Probearbeit.

* Partituren für größere Besetzungen werden häufig im Querformat gedruckt.
* Klingende oder transponierte Partitur oben links auf der ersten Seite kennzeichnen.
* Name der einzelnen Instrumente vor jede Zeile der Partitur.

* Einzelstimmen werden im Hochformat gedruckt.
* Name des Instruments oben links auf der ersten Seite der Einzelstimmen kennzeichnen.

* Alle Phrasierungs- und Artikulationszeichen gehören in Einzelstimmen und Partitur.
* In Partitur und Einzelstimmen kann mit Faulenzern gearbeitet werden.
* Mehrfachpausen werden nur in Einzelstimmen verwendet.

8.7 Lösungsvorschläge zu den Aufgaben

Lsg. 1: Bearbeitung für Trompeten

Lsg. 2: Bearbeitung für Posaunen

Lsg. 3: Bearbeitung für Altsaxophone

Lsg. 4: Paralleles zweistimmiges Aussetzen

Lsg. 5: Paralleles zweistimmiges Aussetzen

Lsg. 6: Lineares zweistimmiges Aussetzen

Lsg. 7: Paralleles dreistimmiges Aussetzen

Lsg. 8: Paralleles dreistimmiges Aussetzen

Lsg. 9: Lineares dreistimmiges Aussetzen[51]

---

51   Ausgesetzt von Richard Roblee.

Lsg. 10: Aussetzen in Four Part Close

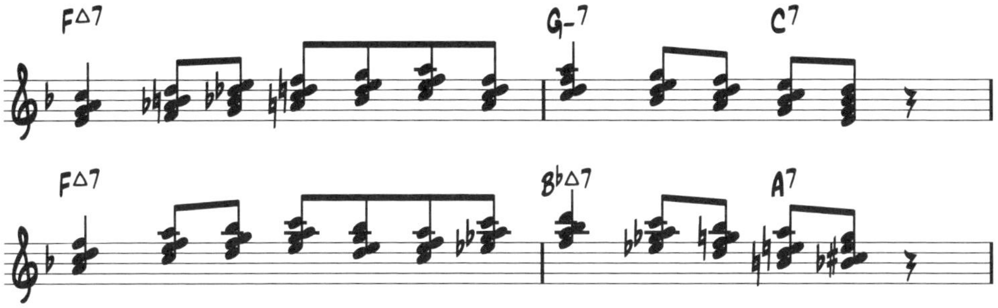

Lsg. 11: Aussetzen in Drop 2

Lsg. 12: Lineares vierstimmiges Aussetzen

Lsg. 13: Fünfstimmiges Aussetzen mit pentatonischen Voicings

Lsg. 14: Fünfstimmiges Aussetzen mit Upper Structure Voicings

Lsg. 15: Aussetzen als Thickend Line

Lsg. 16: Aussetzen mit Basic Ensemble Voicings

Lsg. 17: Aussetzen mit einer Mischform aus Thickend Line und Basic Ensemble

Lsg. 18: Schreiben einer Guide Tone Line aus der harmonischen Line Progression

Lsg. 19: Schreiben einer Guide Tone Line aus der harmonischen Line Progression

Lsg. 20: Schreiben einer Guide Tone Line aus eingefügter Line Progression

Lsg. 21: Schreiben zweier Guide Tone Lines aus Terz-Sept-Stimmführung

Lsg. 22: Schreiben einer Guide Tone Line aus Terz-Sept-Stimmführung

Lsg. 23: Schreiben einer Guide Tone Line im Bereich der Optionen und Alterationen

Lsg. 24: Schreiben einer Guide Tone Line im Bass

Lsg. 25: Begleiten mit Pads

Lsg. 26: Begleiten mit untermalenden Backings

Lsg. 27: Begleiten mit untermalendem Ostinato

Lsg. 28: Kontrapunktieren mit fugenartiger zweiter Stimme

Lsg. 29: Kontrapunktieren mit Call & Response

Lsg. 30: Kontrapunktieren mit heraustretenden Backings

Lsg. 31: Kontrapunktieren mit heraustretendem Ostinato

Lsg. 32: Alternative Reharmonisation

Lsg. 33: Additive Reharmonisation

Lsg. 34: Pivot-Modulation von C-Dur nach D-Dur

Lsg. 35: Pivot-Modulation von Es-Dur nach Ges-Dur

Lsg. 36: Pivot-Modulation von F-Dur nach A-Dur

Lsg. 37: Pivot-Modulation von Des-Dur nach E-Moll

Lsg. 38: Pivot-Modulation von E-Dur nach H-Moll

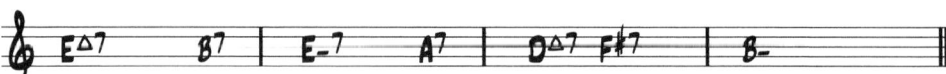

Lsg. 39: Pivot-Modulation von C-Dur nach As-Dur

Lsg. 40: Pivot-Modulation von As-Dur nach F-Dur

Lsg. 41: Direkte Modulation von E-Dur nach Bb-Dur

Lsg. 42: Weiche direkte Modulation von Es-Dur nach G-Dur

Lsg. 43: Übergang in »Half Time«

Lsg. 44: Übergang in »Double Time«

Lsg. 45: Modulation von einem 3/4-Takt in einen 4/4-Takt

Lsg. 46: Modulation von einem 4/4-Takt in einen 3/4-Takt

Lsg. 47: Verwenden von Synkopen

Lsg. 48: Verdichtung des melodischen Rhythmus durch Figuration (Melodic Approaches)

Lsg. 49: Kadenzgestaltung

Lsg. 50: Verwendung von Harmonic Approaches

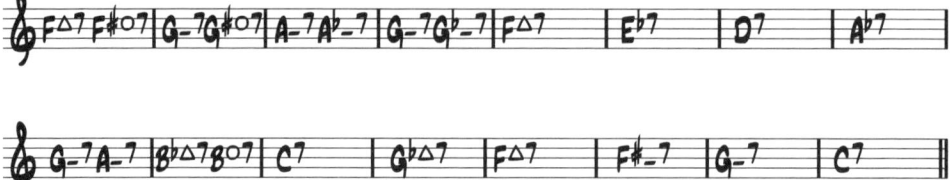

Lsg. 51: Erstellen einer Supersax-Melodie mit Backings

Lsg. 52: Erstellen einer Shout-Chorus-Melodie mit Drum Fills

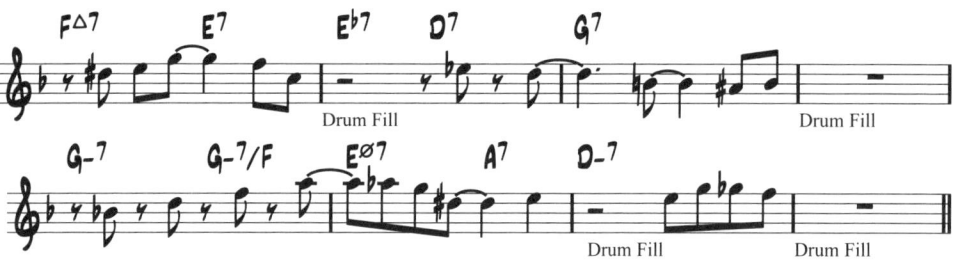

Quellenverzeichnis

Abraham, Lars U./Dahlhaus Carl: *Melodielehre.* Köln 1972.

Baker, David: *Jazz Improvisation.* Rottenburg/N. 1990.
Bergonzi, Jerry: *Inside Improvisation. Volume I. Melodic Structures.* Rottenburg/N. 1992.
Bergonzi, Jerry: *Inside Improvisation. Volume II. Pentatonik.* Rottenburg/N. 1995.
Bergonzi, Jerry: *Inside Improvisation. Volume III. Jazz Line.* Rottenburg/N. 1996.
Bergonzi, Jerry: *Inside Improvisation. Volume IV. Melodic Rhythms.* Rottenburg/N. 1998.
Burbat, Wolf: *Die Harmonik des Jazz.* Kassel 1988.

Coker, Jerry/Knapp, Bob/Vincent, Larry: *Hearin' the Changes.* Rottenburg/N. 1997.
Crook, Hal: *How to Improvise.* Rottenburg/N. 1991.
Crook, Hal: *How to Comp.* Rottenburg/N. 1995.
Dachs, Michael/Söhner, Paul: *Harmonielehre. Erster Teil.* München 1953.

Delamont, Gordon: *Modern Arranging Technique.* New York 1965 c.
Delamont, Gordon: *Modern Contrapuntal Technique.* New York 1969.
Delamont, Gordon: *Modern Harmonic Technique. Volume I.* New York 1965 a.
Delamont, Gordon: *Modern Harmonic Technique. Volume II.* New York 1965 b.
Delamont, Gordon: *Modern Melodic Technique.* New York 1976.
Dobbins, Bill: *A Creative Approach to Jazz Piano Harmony.* Rottenburg/N. 1994.
Dobbins, Bill: *The Contemporary Jazz Pianist. Volume I.* New York 1984.
Dobbins, Bill: *The Contemporary Jazz Pianist. Volume II.* New York 1984.
Dobbins, Bill: *The Contemporary Jazz Pianist. Volume III.* New York 1985.
Dobbins, Bill: *The Contemporary Jazz Pianist. Volume IV.* New York 1988.
Dobbins, Bill: *Jazz Arrangement & Composing.* Rottenburg/N. 2005.

Elsen, Frans: *Jazz Harmony at the Piano. Volume I.* Den Haag 2002.
Elsen, Frans: *Jazz Harmony at the Piano. Volume II.* Den Haag 2003.
Erpf, Hermann: *Lehrbuch der Instrumentation und Instrumentenkunde.* Mainz 1959.

Gerlitz, Carsten: *Das neue Arrangierbuch.* Berlin 1997.
Gocht, Joachim: *Arrangieren Rock und Pop.* Berlin 1982.
Gracia, Russell: *Das moderne Arrangement.* München 1997.

Haunschild, Frank: *Die neue Harmonielehre. Band I.* Brühl 1988.
Haunschild, Frank: *Die neue Harmonielehre. Band II.* Brühl 1992.
Herborn, Peter: *Jazz Arrangement.* Rottenburg/N. 1995.
Hindemith, Paul: *Unterweisung im Tonsatz.* Mainz 1940.

Ignatzek, Klaus: *Die Jazzmethode für Klavier.* Mainz 1995.

Jost, Peter: *Instrumentation.* Kassel 2004.
Jungbluth, Axel: *Jazz-Harmonielehre.* Mainz 1981.

Kaiser, Ulrich: *Arrangieren und Instrumentieren,* Kassel 2005.
Kellert, Peter/Fritsch, Markus: *Arrangieren und Produzieren.* Bergisch Gladbach 1996.

Kissenbeck, Andreas: *Jazz Theorie I*. Kassel 2007.
Kissenbeck, Andreas: *Jazz Theorie II*. Kassel 2007.
Kraus, Herbert: *Arrangieren & Komponieren in der Popmusik*. Bonn 1995.

Lemacher, Heinrich/Schroeder, Hermann: *Harmonielehre*. Köln 1958.
Levine, Mark: *Das Jazz Theorie Buch*. Petaluma, California 1996.
Levine, Mark: *The Jazz Piano Book*. Petaluma, California 1989.
Liebman, David: *A Chromatic Approach to Jazz Harmony and Melody*. Rottenburg/N. 1991.
Lonardoni, Markus: *Professional Arranging I*. Trossingen 1979.
Lonardoni, Markus: *Professional Arranging II*. Trossingen 1994.

Mehegan, John: *Jazz Improvisation I. Tonal and Rhythmic Principles*. New York 1961.
Mehegan, John: *Jazz Improvisation II. Jazz Rhythm and the Improvised Line*. New York 1962.
Mehegan, John: *Jazz Improvisation III. Swing and Early Progressive Piano Styles*. New York 1964.
Mehegan, John: *Jazz Improvisation. Volume IV*. New York 1965.
Motte, Diether de la: *Harmonielehre*. Kassel 1976.

Nestico, Sammy: *Der professionelle Arrangeur*. Rottenburg/N. 1995.
Nettles, Barrie/Graf, Richard: *The Chord Scale Theory & Jazz Harmony*. Rottenburg/N. 1997.

Pejrolo, Andrea/Derosa, Richard: *Acoustic and Midi Orchestration for the Contemporary Composer*. Oxford 2007.
Persichetti, Vincent: *Twentieth-century Harmony*. New York 1961.
Pöhlert, Werner: *Grundlagenharmonik*. Frankfurt a. M. 1983.

Rimsky-Korsakov, Nikolay: *Principles Of Orchstration*, New York 1964.
Roidinger, Adelhard: *Jazz Improvisation & Pentatonik*. Rottenburg/N. 1984.
Runswick, Daryl: *Arrangieren*. Mainz 1992.
Russel, George: *The Lydian Chromatic Concept of Tonal Organisation for Improvisation*. New York 1959.

Schenker, Heinrich: *Harmonielehre*. Wien 1906.
Schillinger, Joseph: *The Schillinger System of Musical Composition. Volume I*. New York 1978.
Schillinger, Joseph: *The Schillinger System of Musical Composition. Volume II*. New York 1978.
Schönberg, Arnold: *Harmonielehre*. Berlin 1922.
Schoenmehl, Mike: *Modern Jazz Piano*. Mainz 1992.
Sikora, Frank: *Neue Jazz-Harmonielehre*. Mainz 2003.

Viera, Joe: *Grundlagen der Jazzharmonik*. Wien 1970.
Viera, Joe: *Arrangement und Improvisation*. Wien 1977.

Wolf, Erich: *Die Musikausbildung. Band I*. Wiesbaden 1985.
Wolf, Erich: *Die Musikausbildung. Band II*. Wiesbaden 1983.
Wrigth, Rayburn: *Inside the Score*. New York 1982.